LAS LÁGRIMAS DEL SOL

JOSÉ MARÍA MERINO

Colección
LEER EN ESPAÑOL

español

SANTILLANA
UNIVERSIDAD
DE SALAMANCA

La adaptación de la obra *Las lágrimas del sol,*
de **José María Merino,** para el Nivel 4 de la colección
LEER EN ESPAÑOL, es una obra colectiva, concebida,
creada y diseñada por el Departamento de Idiomas
de la Editorial Santillana, S.A.

Adaptación: **María Luisa Rodríguez Sordo**

Ilustración de la portada: *Orejera con escena de un guerrero.*
Museo del Oro del Perú, Lima. Foto ALGAR

Ilustraciones interiores: **Domingo Benito**

Coordinación editorial: **Elena Moreno**

Dirección editorial: **Silvia Courtier**

© de la obra original, 1989 by José María Merino
© de esta edición,
    1994 by Universidad de Salamanca
    y Santillana, S.A.
Elfo, 32. 28027 Madrid
PRINTED IN SPAIN
Impreso en España por UNIGRAF
Avda. Cámara de la Industria, 38
Móstoles, Madrid
ISBN: 0-8219-1127-9

José María Merino, nacido en La Coruña en 1941, empezó escribiendo poesía. Sin embargo, hoy es ante todo un novelista de gran personalidad: en 1976 recibió el premio Novelas y Cuentos por su Novela de Andrés Choz *y en 1985 ganó el Premio de la Crítica con* La orilla oscura.

Tras el éxito de El oro de los sueños *(1986), donde se cuentan los primeros momentos de la conquista española en América, y de* La tierra del tiempo perdido *(1987), en la que se rescatan los últimos rastros del pueblo maya, con* Las lágrimas del sol, *Merino cerró la trilogía recogida en un solo volumen con el nombre de* Las crónicas mestizas, *en la editorial Alfaguara Hispánica.*

Gran admirador de las crónicas de Indias, Merino ha escrito una obra que conserva los rasgos más importantes de este género: mediante un lenguaje vivo y expresivo, un imaginario testigo de los hechos, Miguel Villacé Yólotl, mitad español, mitad indio, nos conduce por una naturaleza maravillosa y profundiza en la psicología de los protagonistas de la Historia.

En Las lágrimas del sol, *Miguel, como tantos otros conquistadores, sueña con vivir en la realidad peruana las fantásticas aventuras leídas en los libros de caballerías.*

NOTA

La forma antigua de tratamiento respetuoso en español era distinta a la actual y se caracterizaba sobre todo por el empleo de las formas de segunda persona del plural para referirse a una sola persona:

1. En lugar de **usted** se usaba **vos:**
   Ejemplo:
   > *Esta muchacha viaja en mi barco, y por ello ha pagado igual que* ***vos***.
   > (en vez de *Esta muchacha viaja en mi barco, y por ello ha pagado igual que* ***usted***.).

2. En lugar de los complementos **la, lo** y **le** se usaba **os:**
   Ejemplo:
   > *Posiblemente, a* ***vos*** *no* ***os*** *guste este metal.*
   > (en vez de *Posiblemente, a* ***usted*** *no* ***le*** *guste este metal.*).

3. En lugar del verbo en tercera persona del singular (que es la forma que corresponde a **usted**), se usaba el verbo en segunda persona del plural:
   Ejemplo:
   > *No me* ***habléis*** *de esa manera.*
   > (en vez de *No me* ***hable*** *de esa manera.*).

4. En lugar de los posesivos correspondientes a la tercera persona del singular (propios de la forma **usted**), se usaban los correspondientes a la segunda persona del plural:
   Ejemplo:
   > *Así,* ***os*** *digo que* ***apaguéis vuestras*** *pasiones.*
   > (en vez de *Así,* ***le*** *digo que* ***apague sus*** *pasiones.*).

PRIMERA PARTE

LA GUERRA[1] ENTRE HERMANOS

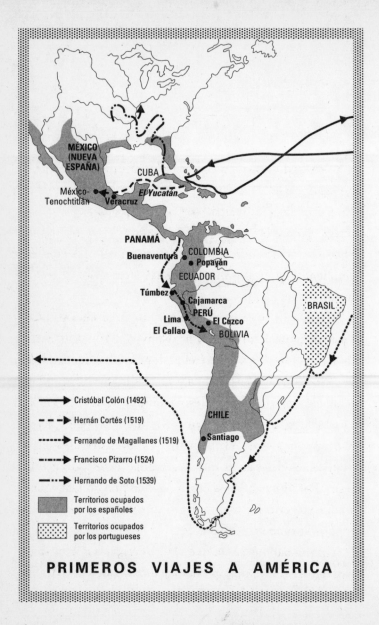

PRIMEROS VIAJES A AMÉRICA

MÉXICO (NUEVA ESPAÑA)
México-Tenochtitlán
Veracruz
CUBA
El Yucatán

PANAMÁ
Buenaventura
COLOMBIA
Popayán
ECUADOR
Túmbez
Cajamarca
Lima
PERÚ
El Cuzco
El Callao
BOLIVIA

BRASIL

CHILE
Santiago

→ Cristóbal Colón (1492)

--→ Hernán Cortés (1519)

····→ Fernando de Magallanes (1519)

-·-→ Francisco Pizarro (1524)

-··→ Hernando de Soto (1539)

Territorios ocupados por los españoles

Territorios ocupados por los portugueses

I

No es fácil empezar a contar las cosas que me han pasado últimamente. Pero ahora que mi amo, el dueño del mesón, me ha dejado tiempo libre, me he propuesto hacer un escrito[2] para enviárselo al gobernador[3] Vaca de Castro. Tengo la intención de explicarle que, en estos tiempos de complicadas guerras entre españoles, siempre he servido a nuestro Señor, el Rey[4].

Hasta ayer tenía yo que trabajar durante todo el día en el mesón, pero ahora mi vida ha cambiado. Y es que, al mediodía, mientras estaba sirviendo vino a los clientes, llegó por casualidad al mesón el capitán[5] Pedro de Reira. Él me reconoció enseguida. Después de mirarme fijamente me llamó por mi nombre y me abrazó con mucha alegría. Luego me preguntó por Lucía y mi padrino[6] y rápidamente le conté yo todas las desgracias que nos habían ocurrido en estos meses. Por último, al conocer el capitán que no tengo dinero para volver a mi casa y debo trabajar para poder vivir, propuso llevarme en su barco.

Esta semana él tiene que salir de viaje hacia el sur, a Santiago de Chile, pero pronto volverá a Lima con destino a las costas de México, donde está mi casa. Estoy tan cansado de aventuras que no he querido acompañarlo en su viaje al sur; y he preferido esperar aquí su vuelta, sin dejar mi trabajo.

Mi amo, que se había acercado curioso a escuchar nuestra conversación, me mandó llamar esa misma noche. Después de saludarme amablemente, cosa rara en él, me preguntó por mi destino cuando el capitán Reira me recogiese. Le expliqué entonces que debo volver a un pequeño pueblo en tierras de Tlaxcala, que está cerca de Veracruz. En aquel lugar nací yo y de allí es la familia de mi madre: una señora india que se casó con don Pablo de Villacé, mi padre, soldado de Cortés[7], desaparecido en una de esas aventuras para el descubrimiento de nuevas tierras.

Entonces mi amo me contó que él había pasado muchos años en México antes de venir al Perú. Y que muy cerca de mi pueblo vivía todavía su hermana menor.

—Hace ya ocho años que no sé nada de ella y desearía[8] enviarle noticias mías. He visto que escribes muy bien. Quiero pedirte que le escribas una carta y que luego se la lleves tú.

Y en ese momento recordé a mi buen padrino. En una ocasión, él me había aconsejado no hacer favores a las personas poderosas que están por encima de nosotros sin pedirles nada a cambio. Por eso, contesté a mi amo que aceptaba encantado, pero sólo si podía tener un poco de tiempo libre al día.

–De acuerdo –dijo él después de pensarlo un rato–. Cada día tendrás dos horas libres antes de comer.

Esta mañana, en el desayuno, ya todos sabían que me voy a ir y me han felicitado. Carlota, la hermosa muchacha negra que sirve a la mujer de mi amo, me ha dicho que me echará de menos.

Después de los duros trabajos de la mañana, he buscado un rincón para empezar a escribir. El capitán Reira volverá dentro de veinte días y, para entonces, quiero haber terminado el escrito y la carta.

* * *

Es increíble. Mi amo es un hombre capaz de organizar muy bien su negocio, pero no sabe hablar de sentimientos. Quería una larguísima carta para su hermana, pero apenas ha encontrado palabras para decirle que su familia y sus negocios van bien.

–Bueno, Miguel –me dijo después de dar un golpe en la mesa–. Soy un hombre muy ocupado y no puedo perder más tiempo en este asunto. Te pido que termines tú la carta. Cuando la tengas escrita, la firmaré.

Estas dos horas libres me han dejado muy tranquilo. Ahora sé que tendré el tiempo necesario para terminar el escrito que quiero hacer para el gobernador. Mañana mismo pienso empezarlo.

II

Hay importantes papeles donde aparece el nombre de mi padrino, don Santiago Ordás, como la persona elegida para ayudar al gobernador del Perú, Vaca de Castro.

Mi padrino recibió la noticia mientras vivía tranquilamente en su casa de México y no dudó en dejar todos sus asuntos sólo por venir a servir al Rey. Lo acompañamos en su viaje desde las tierras de Tlaxcala, una muchacha india llamada Lucía, amiga de mi familia, un esclavo[9] negro de mi padrino, y yo. Montones de desgracias retrasaron nuestra llegada a Panamá y nos hicieron perder la mayor parte de nuestro dinero. De manera que cuando por fin aparecimos en aquella ciudad, donde debíamos unirnos al grupo de Vaca de Castro, ya éste había salido hacia el Perú.

Decidimos seguir nosotros también ese mismo camino y tomamos el barco del capitán Pedro de Reira. Poco después de salir de Panamá, una fuerte tormenta nos obligó a buscar la costa para arreglar las averías del barco. Llegamos así a Buenaventura. Allí, nos dijeron que Vaca de Castro había encontrado los mismos problemas que nosotros y había tenido que seguir el viaje por tierra, con todos los suyos. Supimos también que, el pasado mes de junio, los almagristas habían matado a don Francisco Pizarro[10] y habían hecho gobernador del Perú al hijo de Almagro[11]. Estas noticias llenaron de preocupación a mi padrino que, llamándome aparte, me comunicó su intención de seguir el viaje por tierra, él también.

—Debo presentarme a Vaca de Castro urgentemente, Miguel —me dijo—. Los españoles están peleando entre sí y el gobernador necesita ayuda para acabar con estas guerras. Me gustaría que Lucía y tú vinierais conmigo; pero bien sabes que el dinero que nos queda apenas alcanza para comprar un caballo. Por ello, vosotros seguiréis en barco y yo saldré inmediatamente hacia Popayán. Sed muy prudentes y en ningún caso sirváis a personas que no obedezcan al Rey. No dudes de que algún día estas tierras quedarán tranquilas, y los culpables pagarán por sus crímenes.

Comprendí enseguida las explicaciones que el padrino me daba, pero sus razones me dejaron muy triste. Tenía el extraño sentimiento de que iba a perderlo para siempre, y Lucía parecía pensar igual que yo.

El capitán Pedro de Reira nos animó mucho los siguientes días de viaje por mar. Conocía gran número de canciones, tanto en lengua castellana como gallega, y también nos cantaba otras originales de los indios de estas tierras, en las lenguas que aquí se hablan. Yo escribí en castellano las que más me interesaron, pues[12] me gusta recogerlas por escrito para acordarme de ellas.

La emoción que nace de lo desconocido y la curiosidad por las tierras que íbamos a conocer, nos ayudó a calmar nuestra tristeza; pronto empezamos a interesarnos por las historias que contaba Pedro de Reira. Decía el capitán que el imperio inca[13] —construido sobre muy distinos pueblos conquistados[14] por los reyes incas— estaba ordenado en regiones unidas entre sí por caminos de piedra que establecían la comunicación y el transporte a través de las montañas más altas y difíciles. Por esos caminos, los *chasquis*, rapidísimos corredores, llevaban las noticias y las órdenes del rey a todos los lugares del imperio. Todas las tierras eran de los reyes incas, y el pueblo estaba obligado a trabajarlas y a dar los frutos recogidos, pero éstos se repartían de manera que nadie sufría hambre. Sobre todo, a mí me llamó la atención que los indios no supiesen escribir y que para comunicar informaciones, usaran unas cuerdecitas llenas de nudos[15], llamadas *quipus*.

—El rey inca —seguía diciendo el capitán— era como un dios vivo. Se creía hijo del Sol. Se casaba con sus hermanas y siempre estaba a distancia de su pueblo.

—¿Y el oro? —pregunté yo— ¿Es verdad que tenían tanto oro como se cuenta?

Aunque el barco era pequeño, Lucía y yo no éramos los únicos viajeros. En él iban también un fraile[16], fray Martín de Valderas, y un alférez[17] de aspecto poco agradable llamado Bengoechea.

–¿Oro? –dijo Bengoechea– Yo estaba con Pizarro cuando Atahualpa quiso comprar su libertad[18]. No ha habido nunca un rey que tuviera la cuarta parte del oro que Atahualpa ofreció entonces para salvar su vida.

–Todo el oro que se pueda imaginar... –siguió don Pedro–. Porque todas las cosas que usaban los Incas eran de metales preciosos. Las paredes de sus edificios eran de oro. Y de oro era también un enorme sol que había en El Cuzco.

–Sí. Los indios escondieron ese famoso sol en algún lugar secreto, con muchas otras cosas –dijo Bengoechea–. Pero algún día lo descubriremos y el tesoro[19] de los Incas será nuestro.

–Las maneras que usáis para buscarlo –dijo enérgicamente el fraile, que hasta entonces no había abierto la boca– ofenden a Dios. Por encontrar esos tesoros escondidos que decís, habéis matado a cientos de indios quemando a muchos de ellos vivos, sin sentir la menor lástima.

–No hemos sido nosotros, pobres soldados –contestó Bengoechea–, los que hemos dado al oro la importancia que ahora tiene. Nuestro Emperador[4] lo necesita para seguir siendo poderoso sobre todos los pueblos. Y el mismo Papa[20] no ha hablado nunca mal del oro. Posiblemente, a vos[21] no os[21] guste este metal; pero yo conozco a muchos frailes y curas que están muy interesados en tenerlo.

Fray Martín suspiró, se persignó[22] y, sacando un librito de su bolsillo, se marchó de allí sin decir ni una palabra.

III

GRACIAS a ese viaje pude conocer muchas cosas de la conquista[14] del Perú y de las guerras entre los españoles en aquellas tierras. Así, en varias conversaciones, supe que Francisco Pizarro y Diego de Almagro habían conseguido permiso para ir a descubrir las tierras que hay al sur de Panamá. Habían intentado durante cinco años y por tres veces seguidas entrar en ellas; pero, en esas ocasiones, la suerte no los había acompañado, y sólo habían encontrado la desgracia y la muerte para sus hombres.

—Al fin llegó Pizarro a Túmbez —contaba don Pedro de Reira—, donde encontró rastros de un importante y riquísimo pueblo que sin duda estaba cerca. Entonces, los dos compañeros decidieron que Pizarro viajara a España, para pedir al Emperador el permiso necesario para conquistar esas tierras.

—Y ahí empezaron todos los problemas —siguió el alférez Bengoechea—. Pues a Pizarro se le hizo gobernador de todo el Perú, mientras que Almagro recibió únicamente el gobierno de Túmbez.

—Almagro era un hombre comprensivo —contestó don Pedro— y no se habría hecho nunca enemigo de Pizarro por eso. Pero éste volvió de España rodeado de gentes de su familia demasiado aficionadas al dinero y al poder, y preparadas para conseguirlo de cualquier manera.

—Yo era uno de los que acompañaron a Pizarro en la conquista del Perú —siguió contando Bengoechea—. Éramos menos de doscientos y no teníamos buenas armas, pero pudimos llegar sin problemas al mismo corazón de las tierras incas. En Cajamarca, donde Pizarro cayó por sorpresa sobre Atahualpa, podíamos contar a los indios por miles. No comprenderé nunca cómo pudimos conquistarlos.

—Con la ayuda de Dios —respondió el fraile muy serio.

Aquellos días supe también cómo la guerra entre el rey Huáscar y su hermano Atahualpa había ayudado al éxito de la conquista española. Y cómo Atahualpa había pagado una montaña de oro para salvar su vida, pero Pizarro, a pesar de que había prometido dejarle libre, dio al Inca una muerte horrible, después de un proceso[23] que llenó de vergüenza a los mismos españoles.

—Los problemas entre Pizarro y Almagro —dijo el fraile— fueron todavía mayores cuando éste decidió que El Cuzco y Lima estaban dentro de las tierras de su gobierno. Fue entonces cuando los dos partidos lucharon en la batalla[24] de Las Salinas, donde la mayor parte de los hombres de Almagro quedaron muertos en el campo. Más de doscientos españoles murieron allí a manos de sus hermanos. El mismo Almagro cayó prisionero[25] de sus enemigos y, tres meses más tarde, después de un corto proceso, Pizarro llevó a la muerte al que había sido su amigo. Pero también Pizarro tuvo un triste final, pues los hombres de Almagro entraron en su casa y allí mismo le dieron una horrible muerte. Vergüenza me da que los hermanos peleen entre sí como animales.

Supe también que los hombres de Almagro habían hecho gobernador del Perú al joven hijo de éste, don Diego de Almagro, llamado *El Mozo*. Y parecía que se estaba preparando una guerra de mayor importancia, pues *El Mozo* no obedecía las órdenes del gobernador del Rey, Vaca de Castro.

Sin embargo, aquellas interesantes conversaciones llegaron a su fin a causa de un hecho muy poco agradable. Y es que una noche, cuando llevábamos ya muchos días de viaje, me despertó una voz. Escuché más atentamente y me pareció que Lucía se quejaba de algo. Fui al lugar donde ella dormía y a la luz de la clara luna, pude ver en el suelo a mi amiga luchando con un hombre. Lo agarré con fuerza y vi su cara: era Bengoechea.

—Mira, muchacho —me dijo éste poniéndose de pie—, hombres mucho más fuertes que tú han muerto entre mis manos. Márchate de aquí si no quieres morir.

Pero el ruido había despertado ya a todos los viajeros y enseguida llegó el capitán con una luz en la mano.

—¿Qué ocurre aquí? —gritó don Pedro.

—El señor alférez ha intentado forzarme[26] —dijo Lucía—. Y Miguel ha venido en mi ayuda.

—¿Forzarte, perra[27]? —dijo Bengoechea— ¿Tenéis las indias virtud[28], para poder ser forzadas?

—Señor alférez —dijo don Pedro—, esta muchacha viaja en mi barco, y por ello ha pagado igual que vos.

—No me habléis[29] de esa manera —contestó Bengoechea—. Soy persona poderosa y tengo muy buenos amigos entre la gente del gobernador Vaca de Castro. Tened cuidado conmigo.

—Señor —terminó diciendo don Pedro—. Bien sabéis que en un barco sólo manda su capitán. Y yo no dejo que nadie moleste a mis viajeros. Así, os digo que apaguéis vuestras[30] pasiones. De manera contraria, me veré obligado a dejaros en el primer lugar al que pueda llegar mi barco.

—No están los tiempos para que unos jóvenes como vosotros anden por ahí solos y perdidos —me dijo fray Martín de Valderas—. Si queréis, podéis venir conmigo.

IV

LLEGAMOS por fin al puerto de El Callao. El capitán Pedro de Reira se despidió muy cariñosamente de Lucía y de mí, pero Bengoechea enseguida nos hizo ver que era nuestro enemigo.

–Muy pronto conocerás, indio, qué caro cuesta en esta tierra jugar a los caballeros andantes[31] –me dijo el alférez al salir del barco.

El fraile, por el contrario, se acercó amablemente a nosotros para ofrecernos su ayuda.

–No están los tiempos para que unos jóvenes como vosotros anden por ahí solos y perdidos –me dijo–. Si queréis, podéis venir conmigo. Tú, Miguel, podrás vivir en mi convento[32] y Lucía se quedará en el de unas monjas[33] que tienen el suyo muy cerca. Así podréis esperar la llegada de don Santiago sin gastar el poco dinero que os queda, aunque deberéis ayudarnos con vuestro trabajo.

Lucía y yo aceptamos encantados. Enseguida nos pusimos los tres en camino hacia Lima, que se encuentra no muy lejos del puerto de El Callao. En nuestro corto viaje, tuvimos como compañero al alférez Bengoechea, que al descubrirnos, no dejó de mandarnos miradas de odio.

Llegamos a la entrada de la ciudad, donde en una pequeña casa mal construida, un grupo de soldados vigilaba la llegada de viajeros. Fray Martín nos presentó como personas de su confianza. Sin embargo yo pude ver que el alférez Bengoechea, que había llegado antes que nosotros, hablaba con el jefe de aquellos soldados mirándonos en varias ocasiones. Después, aquel hombre se acercó a nosotros y preguntó al soldado que hablaba con fray Martín:

—¿Quiénes son estos muchachos? Parecen indios.

—Yo soy hijo de padre español y de madre india. Mi compañera es india educada en España —le contesté.

—¿Por qué viajáis solos?

—Acompañábamos a mi padrino, pero él ha tenido que quedarse en un lugar de la costa por unos negocios.

En este punto de la conversación habló el fraile.

—Creo que me conocéis desde hace muchos años —dijo con seria mirada—. Ya se lo he explicado a vuestros hombres. Yo me ocupo de estos muchachos hasta que llegue la persona que los acompaña.

Después de estas palabras, los soldados nos dejaron pasar y al fin pudimos entrar en la ciudad.

Construida hace ya diez años, Lima tiene organizada las calles en cuadrados. Sin duda, sus habitantes habían estado muy ocupados levantando nuevos edificios e iglesias, pero la guerra había retrasado los trabajos y la ciudad tenía un aspecto de ruina total.

La casa donde vivió don Franciso Pizarro era muy hermosa, y en su parte de atrás había un jardín con flores y árboles españoles y también un bonito patio.

Sin embargo, no se podía recorrer la ciudad con tranquilidad, pues parecía estar tomada por los soldados, por hombres de mirada cruel que no nos hacían sentir muy seguros. Por todas partes se respiraba ambiente de guerra y el humo de las fábricas de armas llenaba el cielo de un profundo color negro.

Una semana después de nuestra llegada, cuando estábamos empezando a descubrir las costumbres de los conventos en que vivíamos, llegó fray Martín a mi habitación. Nervioso y asustado, me dijo que unos soldados venían a buscarme por orden de Juan de Herrada, maestre[34] de Almagro *El Mozo*.

—Voy a dejar que vayas con ellos —me dijo fray Martín—; pero no temas, pues ya estoy buscando ayuda. Entre las gentes de Almagro hay personas que nos ayudarán. Seguro que el mismo don Diego no sabe nada de este asunto.

Cuatro soldados de bastante edad, que me estaban esperando, me llevaron fuera del convento donde me ataron las manos. En medio de la noche cerrada me condujeron a un edificio, hasta una habitación donde un señor de pelo blanco y barba gris hablaba con el alférez Bengoechea.

—¿Es éste? —dijo el hombre de pelo gris mirándome con sorpresa— ¡Es casi un niño!... Acércate, muchacho... Yo soy

Juan de Herrada, maestre de los ejércitos[35] que sirven a mi señor don Diego de Almagro. Dime en verdad quién eres tú y qué te ha traído a estas tierras.

Di a este hombre las explicaciones que me pedía, sin ocultarle que había venido acompañando a mi padrino.

—Decidnos, ¿a qué ha venido vuestro padrino a estas tierras del Perú? —me preguntó entonces secamente el alférez Bengoechea.

—Sólo sé deciros que mi padrino debía unirse en Panamá a las personas que acompañaban a don Cristóbal Vaca de Castro.

—¿Y no sabes que este señor está ahora en el Perú y que dice ser gobernador de estas tierras? —dijo Juan de Herrada.

—Llegamos a Panamá después de sufrir muchas desgracias en el Yucatán, y cuando Vaca de Castro había salido ya en dirección a estas tierras. Nosotros vinimos detrás de él, sin saber nada de lo que aquí pasaba.

—¿Y por qué no acompañasteis a vuestro padrino? ¿Por qué os marchasteis por diferentes caminos?

—Señor, en el Yucatán gastamos casi todo el dinero que traíamos. Sólo pudimos comprar un caballo para mi padrino, que siguió por tierra a Vaca de Castro. Lucía y yo seguimos el viaje en el barco, pues ya lo habíamos pagado.

—¿Lucía? ¿Quién es Lucía? —preguntó Juan de Herrada.

—Una muchacha india —dijo rápidamente Bengoechea— que no debe de saber nada de estos asuntos. Pero vos no debéis preocuparos. Ya me ocuparé yo de ella de manera personal.

–Escucha, muchacho. El señor alférez dice que tu padrino tiene que hacer un importantísimo trabajo por orden directa del Gobierno de España. ¿Qué sabes tú de este asunto?

–Sólo sé que a mi padrino lo llamaron a Panamá para ayudar con sus consejos a Vaca de Castro. No sé nada más.

–¿No lo sabes? –dijo agresivamente Bengoechea– Habla... Habla antes de que yo te haga hablar... Puedes estar seguro de que conozco muy bien la manera de hacer hablar a un hombre.

–No lo dudo, señor. Si sois capaz de hacer daño a una pobre muchacha, podéis también hacer las mayores barbaridades.

No había terminado de decir estas palabras cuando recibí de Bengoechea un fuerte puñetazo que me tiró al suelo. Al levantarme, vi que Juan de Herrada se había puesto de pie y que miraba a un punto, detrás y por encima de mí.

–¡Don Diego! –dijo.

Había entrado en la habitación un hombre alto y vestido elegantemente. Los soldados de la puerta lo saludaban como a un importante jefe.

–¿Qué ocurre? ¿Qué gritos son esos? –preguntó éste.

Y yo comprendí que me encontraba delante de don Diego de Almagro.

V

COMO yo mismo, don Diego era hijo de madre india y de padre español. Su cuidadísimo vestido y su manera de hablar tan elegante me hicieron ver enseguida que había sido muy bien educado.

—¿Qué está pasando aquí? —repitió enérgicamente.

—El padrino de este muchacho es un ayudante personal de Vaca de Castro —contestó Juan de Herrada—. El chico ha venido a la ciudad a pesar de que no tenía motivos para hacerlo. Estamos intentando que nos diga para qué ha venido exactamente.

—¿Quién le ha hecho esto? —dijo don Diego al ver de cerca el lado de mi cara donde había recibido el golpe.

—Perdonadme, señor, pero ha sido el alférez Bengoechea —dije tímidamente—. Este hombre ha contado muchas cosas falsas sobre mí. Pero estad seguro de que yo no estoy aquí preparando nada contra vos. Podéis preguntar sobre mí a fray Martín de Valderas. Estaba viviendo en su convento cuando vuestros soldados me sacaron de allí en contra de mis deseos[8] para traerme a este lugar.

—Mi buen Herrada —dijo don Diego—, me gustaría ver por mí mismo este caso. Haced el favor de enviarme a este muchacho por la mañana. Y ahora, señores, es mejor que nos vayamos todos a dormir. Nuestros cuerpos deben descansar para poder aguantar las penas de estos tiempos difíciles. Os deseo una buena noche. Quedad con Dios.

Pasé esa noche en un lugar oscuro y húmedo en el que muchos más hombres estaban, como yo, prisioneros. Debían de ser las diez de la mañana cuando me llevaron de nuevo a las habitaciones de don Diego. Al verme atado, sucio, la cara manchada de sangre seca, mandó que me quitaran las cuerdas y que me dieran las cosas necesarias para arreglarme.

—Quiero saber toda la verdad —me dijo, una vez que acabé de lavarme y de ordenar un poco mis ropas.

—La única verdad, señor, es que estamos en esta situación sólo porque no teníamos suficiente dinero para poder acompañar a mi padrino.

—¿Estamos? ¿Quieres decir que no estás solo en Lima?

Entonces le hablé de Lucía. Y luego le conté con detalle todas las desgracias ocurridas en nuestro viaje, desde que salimos de nuestra tierra hasta que llegamos a Panamá. Enseguida, en sus ojos, descubrí la mirada amable de un amigo.

—¿Y qué tiene el alférez Bengoechea contra ti? —me preguntó.

—En primer lugar, me parece que este señor me odia por mi sangre india —contesté claramente.

Don Diego escuchó esto que yo decía y suspiró varias veces. Comprendí, con disgusto, que mis palabras le habían enfadado. Decidí entonces que desde ese momento iba a hablar con más cuidado.

—Pero él me odia sobre todo —seguí diciendo— porque me puse en su camino cuando quiso forzar a mi amiga Lucía. Fue una noche, en el barco que nos traía hacia el puerto de El Callao. Desde entonces, el capitán Bengoechea me hace la vida imposible... Señor, perdonad que os haga esta pregunta, pero no entiendo una cosa... ¿Cómo es posible que este alférez se encuentre aquí, con vos? Cuando veníamos en el barco, dijo que tenía toda la confianza del gobernador Vaca de Castro.

—Tampoco yo entiendo mucho estas uniones —dijo don Diego riéndose con ganas—, pues es mi buen maestre, Juan de Herrada, la persona que se encarga de estos negocios. Y cualquier día verás al alférez felicitado por sus hechos o ahorcado[36]. Bien, ahora debo escuchar qué me dicen de todo esto tu amiga Lucía y fray Martín. Desde hoy, serás mi secretario y vivirás en mi casa, pero tienes que prometerme que no intentarás escapar.

—Señor —dije con un poco de miedo—, sé que mis palabras son difíciles... Quiero que sepáis que obedeceré vuestras órdenes y os serviré encantado... Pero esto no significa que me decida por vuestro partido en esta guerra.

—¿Cómo eres capaz de hablarme así?

—Señor —contesté pensando bien lo que iba a decir—, parece que Vaca de Castro se encuentra en estas tierras en nombre del Emperador. Si eso es cierto, yo no puedo estar en contra de nuestro Rey y Señor.

No dijo nada más. Don Diego sólo me miró enfadado y llamó a un hombre de su confianza para darle órdenes sobre mí. Debía esta persona darme trabajo como secretario y buscarme una habitación en la casa donde dormir.

Supe después que aquella misma tarde había mandado traer a Lucía y que con ella había hablado mucho tiempo antes de devolverla al convento.

Al día siguiente, también Lucía vino a vivir a casa de Almagro. Cuando por fin pudimos quedarnos los dos solos nos abrazamos, contentos de poder vivir de nuevo en un mismo lugar, y charlamos durante largo tiempo. Pero mientras así estábamos, don Diego mandó llamar a mi amiga y juntos pasearon durante casi dos horas.

VI

AQUELLA tarde, viendo a Lucía pasear con don Diego, me di cuenta, por primera vez, de su gran belleza. Ya no era la niña que yo había conocido, sino una atractiva mujer con el encanto de las indias hermosas. Los dos hacían muy buena pareja y don Diego parecía mirarla de una manera muy especial.

Aquellos paseos, aquellas conversaciones, volvieron a repetirse al día siguiente... y al siguiente... Cada vez pasaban más tiempo juntos y muy pronto la gente empezó a hablar de ellos, a comentar que estaban enamorados. Lucía parecía estar pasando un momento nuevo en su vida; pues el tiempo que no se encontraba con don Diego lo pasaba leyendo los poemas[37] de un librito que yo había encontrado entre las ropas de algún conquistador[14], perdido y muerto en un oscuro bosque. Le gustaba especialmente ese hermosísimo villancico[37] que termina así:

> *No me quejo del amor*
> *que el amor contento deja,*
> *del desamor es la queja.*

Por aquel entonces, llegaron a la ciudad de Lima noticias que pusieron nerviosas a las gentes de Almagro. Se decía que muchos capitanes y gobernadores se estaban pasando al partido de Vaca de Castro. Y también que la ciudad de El Cuzco, que había aceptado a don Diego como gobernador, defendía ahora a los pizarristas.

El Mozo decidió entonces reunir a su gente y tomar por las armas aquella ciudad, que estaba en el corazón mismo de las tierras incas.

El día de nuestra salida, pues también Lucía y yo debíamos acompañarlo, Almagro se presentó delante de sus hombres vestido de negro. Rodeado de los viejos compañeros de su padre, habló con mirada seria durante largo rato. Viéndolo tan joven entre aquellos hombres acostumbrados a la guerra y a la muerte, no pude dejar de imaginármelo como un prisionero, aunque muy especial.

–La razón está de nuestro lado –dijo con fuego en la mirada–, porque durante muchos años hemos luchado sin descanso para conquistar estas regiones. Y ahora los pizarristas quieren robarnos nuestras mejores tierras, nuestras mejores ciudades. Los que siguen a Pizarro dicen que nosotros no aceptamos al Rey. Y yo les respondo que reconozco al emperador Carlos como a mi señor, pero que debo defender los intereses de mi padre y de todos vosotros. ¡A El Cuzco, soldados! ¡El éxito será nuestro!

Y así empezamos un largo y cansadísimo viaje. A pesar de que Lucía y yo íbamos en buenos caballos y de que seguíamos los caminos incas, fueron estos días muy difíciles.

El Cuzco se encuentra en unas tierras altísimas y la subida por aquellas montañas fue tan dura que casi no podíamos respirar. Para curar nuestros males y dolores de pecho, bebíamos el agua cocida de unas extrañas plantas de esas regiones. Pero el frío del invierno y la prisa que teníamos por llegar lo antes posible a nuestro destino nos hacían perder las fuerzas a todos.

Durante el viaje, don Diego y Lucía estaban juntos siempre que podían. Una tarde en que la gente se preparaba para el descanso, y yo había alcanzado la parte más alta de unas piedras para mirar desde allí los maravillosos colores de las montañas suavemente pintadas por la luz del sol, los vi de lejos. Estaban solos, tomados de las manos, fuera del mundo que los rodeaba. Paseaban con las caras muy juntas; hablaban. De repente, sus cuerpos se unieron en un estrecho abrazo; sus labios se unieron en un profundo beso de amor. En ese momento sentí vergüenza de estar mirándolos y me volví con los demás.

Fue por entonces cuando me hice muy amigo de Pelayo Peñalba. Era éste un joven de unos veinte años, que trabajaba últimamente como secretario de don Diego. Según pude saber después de varias conversaciones con él, había venido al Perú recientemente. Como a mí mismo, le gustaba mucho escribir y, en los momentos de descanso, escribía sobre los hechos del día, sobre las costumbres de esas tierras o el pasado de los Incas.

Un día en que, como era nuestra costumbre, estábamos charlando tranquilamente, le pregunté si, de verdad, era o no almagrista.

—Almagristas o pizarristas que sientan en realidad su partido hay muy pocos —me respondió—. Y estos pocos sólo buscan el poder o el dinero que el partido elegido pueda darles. Los demás somos pobre gente que necesita estar a la sombra de los poderosos para vivir. Yo acabo de llegar de Chile y me hice almagrista por ser éste el partido que estaba más cerca. Ahora, mi único interés aquí es escribir sobre lo que pase con los hombres de Almagro.

—¿Y creéis en el éxito de esta aventura? —le pregunté después.

—Siento por don Diego un gran respeto[38]. Pero creo que por encima de sus razones personales, va a la guerra empujado por el odio de los hombres que lo rodean. La verdad es que me da mucha lástima porque esta aventura no tendrá un buen fin si Vaca de Castro consigue un ejército mayor que el nuestro. Y me temo que nosotros acabaremos perdiendo la batalla.

VII

No encontramos problemas para entrar en El Cuzco, pues los pizarristas habían dejado la ciudad vacía. Lucía, Peñalba y yo pasamos los primeros días descubriéndola, y con sorpresa pude imaginar lo que en tiempos de los Incas debió de haber sido. Pero de sus antiguos y maravillosos tesoros no quedaban entonces más que las piedras.

En el mismo centro de El Cuzco se encontraba el antiguo templo[39] del Sol en el que, según decían, había estado aquel famoso y preciosísimo sol de oro. Cuando yo lo vi estaba ya vacío, secos y quemados los jardines que lo rodeaban.

Por todos lados encontrábamos edificios caídos, las enormes piedras de sus paredes rotas en el suelo... Cada rincón de la ciudad guardaba una sorpresa para nosotros, extraños rastros del antiguo pueblo inca.

Una mañana vino Lucía a hablar conmigo. Estaba triste y enseguida comprendí que buscaba el consejo de un amigo. Vivíamos, con las gentes que servían a don Diego, en uno de los antiguos palacios de los reyes incas. Había allí unos enormes jardines que debieron de haber sido muy hermosos, pero que ahora, sin el cuidado necesario, estaban completamente arruinados.

–Miguel –me explicó–, don Diego dice que me quiere más que a sí mismo, y yo no sé qué hacer.

–¿Por qué? ¿Es que tú no le quieres?

–Sí, con todo mi corazón... Pero yo sólo soy una pobre muchacha, Miguel, una pobre india. Además, están estos tiempos que vivimos. Don Diego pasa por momentos muy difíciles.

–Pero tu amor puede servirle de mucha ayuda. ¿O temes por tu futuro si no consigue lo que se propone?

–No, no es eso –contestó enérgicamente–. Estoy decidida a compartir su destino. Pero hay personas que piensan que es demasiado joven para mandar un ejército. Y sé también que les molesta que no deje pasar un solo día sin estar conmigo algunas horas. Temo que nuestro amor ayude a los hombres que lo odian.

–Mira, Lucía –dije después de pensar un rato–. A mí me parece que la aventura de don Diego no puede tener éxito. El poder del Emperador es muy grande y los almagristas terminarán mal. Sería mejor que don Diego hablara con Vaca de Castro antes de entrar en batalla.

–Pero eso no puede ser, Miguel –contestó tristemente–. Allí donde va, ese hombre roba las tierras y casas de la gente de Almagro. Ellos están llenos de odio, sólo quieren la guerra.

La conversación con Lucía me dejó muy preocupado. Me daba cuenta de que a mi amiga le había llegado el momento de olvidarse de los sueños y sentimientos llenos de libertad, donde lo único importante es la risa y el juego. Atada a la realidad de la vida, obligada a tomar graves decisiones, asistía yo a un profundo cambio de su carácter. Sin poder hacer nada, sentía que Lucía se encontraba cada vez más lejos de mí. Por otro lado, temía por ella, pues pensaba que su amor por don Diego no iba a traerle más que problemas.

Así estaba yo, con la mirada fija en las estrellas, cuando me pareció oír que alguien lloraba con mucha pena. Busqué el lugar de donde nacía ese ruido y vi una lucecita en el edificio del fondo, un templo ya medio caído, donde los antiguos habitantes del palacio recordaban a los muertos. Me acerqué y, desde la puerta, pude ver una sombra: en el centro de la habitación, entre cuatro lucecitas, una mujer lloraba quejándose amargamente.

Estuve allí durante unos segundos; pero había tanta pena en aquella mujer, que me sentí todavía más triste de lo que ya estaba, y me marché.

En medio del jardín, había un soldado que me saludó al reconocerme.

—Hay una mujer llorando en aquel edificio —le dije.

—Todas las noches viene a llorar. Don Diego ha dado la orden de que no se la moleste. Es una de aquellas monjas de los Incas, que ellos llamaban *allcas*. Después de tantos años, aún lloran muchas en sus templos nuestra conquista y el final de sus costumbres.

Pocos días después, Almagro me mandó llamar para pedirme que acompañara al capitán Folgado y a Peñalba en una visita al Inca Manco[40].

—Fue éste un buen amigo de mi padre —me explicó— y odia a los Pizarro como yo mismo. Es por eso por lo que me va a dar un buen número de armas, ayuda de comida, hombres, y animales. Pero hay algo más —dijo mirándome a los ojos—. Lucía quiere estar durante un tiempo lejos de El Cuzco. Quiere estar sola para pensar en unos asuntos que a los dos nos interesan. Te pido que la cuides.

—He compartido con Lucía muchos momentos y la quiero como a una hermana —contesté.

—Lo sé. Y ella siente por ti el mismo cariño. Por otro lado... quiero que me prometas que no intentarás unirte a tu padrino.

—No puedo prometeros eso. Si estoy aquí, no es porque yo lo quiera.

—Deberías estar al lado de mis enemigos —me dijo tristemente.

—Yo nunca seré vuestro enemigo, don Diego —contesté.

VIII

FOLGADO, Peñalba, Lucía y yo salimos acompañados de un grupo de soldados y de un guía indio que debía llevarnos hasta el refugio[41] de Manco Cápac.

Mientras íbamos hacia nuestro destino, el capitán Folgado nos animaba contándonos hechos e historias. Un día nos explicó que Manco Cápac era hermano de Atahualpa, el rey inca que Pizarro había matado cruelmente. Para calmar a los indios, éste había dado el poder a Manco Cápac. Pero tampoco el nuevo rey le había obedecido y, después de escaparse del palacio, había empezado otra guerra contra los españoles. Más de cincuenta mil hombres había conseguido reunir, con los que tuvo rodeada la ciudad de El Cuzco durante mucho tiempo. Hasta que al fin, don Alfonso de Alvarado lo había echado a las montañas.

La segunda noche de viaje, mientras estábamos descansando, Lucía vino a contarme que don Diego quería casarse con ella.

—Pero yo no sé qué hacer, Miguel —me dijo—. Si me caso con don Diego, tendré que vivir cada minuto del día como se supone que la mujer del gobernador debe hacerlo. Esto sería demasiado duro para mí. Yo no soy española; soy india. Muchos españoles tienen aquí sus mujeres indias, y sus hijos, sin necesitar el matrimonio. ¿Es que tú me puedes imaginar como la mujer del gobernador?

En la noche profunda, las palabras de Lucía parecían nacer de mi mismo pensamiento. No era que mi amiga creyera que por ser india no podía casarse con un gobernador. Era que ella sólo quería al hombre que había en don Diego, no al jefe de los ejércitos. Y en el silencio de las montañas, el cariño que yo sentía por Lucía se hizo todavía mayor.

El refugio de Manco Cápac se encuentra en una montaña de paredes altas y difíciles de alcanzar. Construido con las enormes piedras que usaban los Incas en sus edificios militares, está muy bien defendido.

El Inca Manco nos recibió como a personas de mucha importancia: sentado por encima de los demás y vestido con el traje de rey, de hijo del Sol. Nos habló en español, de manera clara y elegante, para pedir al capitán Folgado que nos presentase. Dijo éste que Lucía era una señora de mucha confianza de don Diego; a Peñalba y a mí, nos presentó como personas de poca edad, pero muy bien educadas en el arte de escribir y que conocíamos muchas cosas que podían interesarle. Después de esto, Lucía entregó al Inca un regalo que le traía de parte de don Diego. Y él nos dio telas muy bien trabajadas y ropas de las que usan los Incas.

Se interesó mucho por Lucía y por mí. Sin duda le pareció extraño el color de nuestra piel[42] y pelo, y nos preguntó si éramos españoles. Cuando conoció nuestra historia, quiso quedarse solo un rato con nosotros.

Así, en nuestra conversación, nos explicó abiertamente que tenía la intención de echar a los españoles de sus tierras para reunir de nuevo al pueblo inca. Mucho nos sorprendió su confianza, y más aún el que no le importase que pudiéramos dar esta información a personas contrarias a él.

—Cuando llegaron los españoles —nos dijo— perdimos nuestra libertad. Ellos robaron nuestras casas, forzaron a nuestras mujeres e hijas, ofendieron al rey inca. Pero ahora, con estas guerras entre almagristas y pizarristas veo una gran oportunidad para conseguir mis deseos. Por eso, voy a entregar a don Diego las armas que tomé en batallas pasadas.

Finalmente, Manco Cápac nos invitó a quedarnos con él; pues, según dijo, necesitaba a su lado gentes que conociesen las costumbres y la lengua españolas.

—Señor Inca —dijo Lucía—, nosotros aceptaríamos encantados quedarnos con vos, pero tenemos que marcharnos, pues hay personas que nos esperan fuera de aquí.

El Inca aceptó las palabras de Lucía y todavía se quedó charlando con nosotros durante largo rato.

Por la noche, mientras íbamos a nuestras habitaciones, pregunté a Lucía si tenía una respuesta para don Diego.

—Lo he pensado mucho, Miguel —me contestó—. Y he decidido que estaré siempre a su lado. Pero nuestra boda... deberá esperar tiempos mejores.

IX

VOLVIMOS a El Cuzco acompañados de un grupo de indios que llevaban las cosas que Manco Cápac enviaba a don Diego. Al llegar, encontramos a los almagristas muy nerviosos, pues se decía que el número de los hombres de Vaca de Castro era cada vez mayor.

Enseguida, don Diego tuvo una reunión con los capitanes de su ejército. En ella se decidió empezar la batalla en los próximos días, antes de que sus enemigos tuvieran la oportunidad de reunir más hombres para su ejército. A aquella importante conversación asistió también el alférez Bengoechea, pero éste desapareció a la mañana siguiente. Durante la noche, había huido para unirse a la gente de Pizarro y para contar a Vaca de Castro las intenciones de Almagro. Éste estaba profundamente enfadado.

Pensando que entre las noticias que traían los *chasquis* del partido de Vaca de Castro podría haber alguna de mi buen padrino, preguntaba yo a menudo a estos corredores indios; pero no conseguí saber nada, hasta que un día que el mismo don Diego me las dio.

–Puedes estar tranquilo –me dijo–, pues tu padrino encontró al gobernador Vaca de Castro, y ahora es uno de sus

—Nunca podré olvidar las desgracias que nos ocurrieron al este de El Cuzco. Nos habían llegado noticias de que en aquellos pueblos había montañas de oro y nos preparamos para conquistarlos.

ayudantes personales. A él quiero hacerle saber que Lucía y tú estáis bien.

La decisión de ir a la guerra cambió las costumbres de los soldados, que desde entonces, antes de dormirse, pasaban gran parte de la noche en largas conversaciones. A mí me gustaba ir a sentarme con los hombres que habían acompañado al viejo Almagro en la conquista del Perú y que tantas historias sabían.

—Nos dijeron que Chile estaba lleno de oro —contó en una ocasión uno de ellos—, pero nosotros sólo encontramos hambre, guerra y muerte. Cruzamos primero montañas heladas donde muchos de los nuestros cayeron muertos de frío. Más tarde, cuando conseguimos llegar a los valles[43], luchamos contra cientos de indios enemigos, pero no encontramos nunca aquel famoso oro.

—Nunca podré olvidar —dijo un viejo soldado— las desgracias que nos ocurrieron en las regiones al este de El Cuzco. Nos habían llegado noticias de que en aquellos pueblos había montañas de oro, y enseguida un grupo de cincuenta soldados nos preparamos para conquistarlos. Después de caminar durante mes y medio por el corazón de los oscuros y cerrados bosques, se nos acabó la comida y empezó a llover sin parar. Entonces empezó el hambre: comimos al fin los caballos, sin dejar ni un trozo de piel; todos los caballos nos comimos y después... a nuestros mismos compañeros muertos.

Escuchábamos estas historias con el corazón roto por la pena. Las seguíamos con atención, casi sin respirar, en un profundo silencio. Yo recordaba las desgracias vividas durante mi primer viaje por las tierras de Yupaha con mi padrino.

En otra reunión pude oír los detalles que se conocían del viaje organizado por Gonzalo Pizarro para ir a buscar El Dorado. Es éste un lago[44] donde, según los indios de esas tierras, un rey se baña cada día con todo el cuerpo lleno de polvo de oro. Gonzalo Pizarro había vuelto recientemente de esta aventura sin haber encontrado El Dorado, y con la mitad de los españoles que lo habían acompañado. Había perdido por el camino a cuatro mil indios y a su capitán, Orellana, que se había ido río abajo con sesenta hombres a buscar ayuda.

—He sabido que en el camino de vuelta —dijo con mucho secreto uno de los soldados—, Gonzalo Pizarro tuvo un sueño que le avisó de la muerte de su hermano, Francisco.

—¿Un sueño puede avisar de una muerte? —pregunté curioso al soldado.

—Así es —me contestó—. Soñó que un extraño animal le sacaba el corazón y se lo partía en trozos. Y cuando una persona tiene un sueño así, sólo puede significar que va a encontrar muerta a una persona querida.

Aquella misma noche tuve yo un sueño tan parecido a aquel que me dejó profundamente preocupado.

X

AL poco tiempo salimos hacia el lugar en que debía tener ocasión la batalla. Íbamos por caminos tan difíciles que tardamos muchos días en cruzar las montañas. Casi todas las mañanas podíamos comprobar que al menos una persona se había marchado durante la noche. Muchos hombres escapaban para unirse a Vaca de Castro, a pesar de que intentar una cosa así significaba la muerte si no conseguían su propósito. Y yo, viéndome tan cerca de mi padrino, decidí también ir a buscarlo. Pero antes, fui a hablar de mis intenciones con Lucía.

—Veo que estás completamente decidido —me dijo—. Comprendo los motivos que te han llevado a pensar así. Pero no puedo acompañarte, debo quedarme con don Diego.

Aquella misma noche preparé un pequeño paquete con comida y tomé la dirección de la salida. Sabía que la única manera de conseguir escapar era moviéndome silenciosamente entre los soldados que vigilaban el campo. Era aquella una noche oscura sin luna y creí que esto me ayudaría a escapar. Pero, al contrario, fue lo que me descubrió. Pues cuando había cruzado la mayor parte del campo, caí en un gran agujero hecho en la tierra donde unos soldados tapados con trozos de trapos y ropas viejas descansaban. Pisé uno de los cuerpos dormidos e inmediatamente cayó sobre mí un grupo de soldados que dieron la alarma. Después de atarme me llevaron a un pequeño cuarto y con las primeras luces del día me condujeron hasta don Diego.

—Varias veces te avisé de que no intentaras escapar, Miguel —me dijo con aspecto cansado—. Conoces cuál es el fin de las personas que quieren salir de aquí sin permiso. Mañana, a primera hora, serás colgado por el cuello.

Los soldados me llevaron a un edificio de altas paredes de piedra, con una sola puerta, que estaba fuertemente vigilada. Lucía vino a verme al mediodía.

—Don Diego te perdonará la vida o yo lo dejaré para siempre, Miguel —me dijo con los ojos llenos de lágrimas.

Al despedirse de mí, dejó un papel entre mis manos, pero yo no me di cuenta entonces; estaba demasiado asustado. Con aquellas palabras de Lucía acababa de darme cuenta de que iba a morir al día siguiente. Temblando, lleno de miedo, empecé a dar vueltas por aquella cárcel. Iba a morir ahorcado. No había pensado nunca que la muerte me podía llegar así. Para animarme recordé las palabras que mi buen padrino, en una ocasión en que él estaba muy gravemente herido, me había dicho: «Miguel, el hombre que nace en la tierra tiene un solo destino: la muerte. Mientras vivimos, debemos aprender a aceptar el momento de morir como un hecho natural». Me tumbé en el suelo pensando en estas palabras, suspiré profundamente y me quedé dormido enseguida.

Era aún de día cuando desperté. Me di cuenta entonces de que, dentro de mi mano cerrada, estaba el papel que me había dado Lucía. Lo leí. Pelayo Peñalba había escrito en él: «De arriba llegará tu salvación».

Primero creí que Peñalba me aconsejaba dejar mi destino en las manos de Dios. Pero después de leer la frase varias veces, pensé que podía significar algo muy diferente. Quizás mi amigo me iba a sacar de allí por el techo del edificio. Me senté en el suelo y esperé.

A medianoche sentí un ruido sobre mi cabeza. Me coloqué debajo del lugar donde había oído los golpecitos; sentí que algo estrecho y largo me tocaba la cara. Era una cuerda. Como mi miedo era enorme y la cuerda tenía hechos muchos nudos para hacer más fácil la subida, enseguida conseguí llegar arriba. Allí estaba Peñalba, que me ayudó a salir al tejado por un agujero que había en el techo. Entonces, mi buen amigo me explicó el camino que debía seguir para llegar al lugar en el que estaba Vaca de Castro.

—Gracias por tu ayuda —le dije.

—No te estoy ayudando yo solo. Tienes buenos amigos. Abajo tienes un paquete con comida y con tus cosas. Buena suerte.

Bajé del edificio agarrándome con fuerza a las grandes piedras de la pared. Recogí el paquete y me marché.

XI

SIGUIENDO el camino que me había aconsejado Peñalba, llegué a un valle rodeado de montañas al que llaman Chupas. Durante casi una semana había estado dando vueltas por aquellas tierras, buscando sin éxito a Vaca de Castro. Pero por fin, a primeras horas del séptimo día, escuché el ruido de miles de armas de fuego y hacia esa dirección fui. Según me acercaba, el olor a pólvora[45] y los gritos de los soldados eran cada vez más fuertes y claros. Una nueva guerra había empezado.

En aquel lugar se mataron con odio ciego españoles, indios y negros. La batalla duró bastantes horas y desde la distancia tuve ocasión de ver terribles momentos llenos de violencia y muerte.

El campo estaba ocupado por soldados que luchaban a pie y a caballo, cuerpo a cuerpo. Poderosas armas de fuego estaban colocadas en los lugares altos de los alrededores y despedían nubes de piedras que llenaban el campo de muerte. Al ruido de las armas se unían los gritos de guerra de los soldados y las voces de dolor de los heridos.

Al principio parecía que los dos partidos tenían las mismas fuerzas, pero, lentamente, el ejército de Vaca de

Castro empezó a tener ventaja sobre los hombres de Almagro. Vi caer muertas a muchas personas que yo había conocido mientras estuve entre las gentes de don Diego. Vi a éste luchando furiosamente al lado de sus soldados. Vi por fin a mi buen padrino.

Me levanté inmediatamente para llamar a gritos a don Santiago, pero no me oyó. De pronto, lo vi caer de su caballo y fui corriendo hacia él. Tuve la suerte de llegar a su lado sin ser herido, a pesar de que crucé lugares que eran frecuentemente alcanzados por las armas de fuego.

—¡Bendito sea Dios[46]!, Miguel —me dijo suspirando al verme—. Finalmente nos encontramos.

Mi padrino tenía una herida muy mala en el pecho, muy cerca del punto en el que había sido herido durante nuestras aventuras en el Yucatán. Yo lo curé como pude, tapando su herida con un trozo de tela limpia. Luego coloqué mi equipaje como una almohada bajo la cabeza del padrino, y puse sobre su cuerpo una manta de lana.

Ya estaba oscureciendo cuando acabó la batalla. El valle quedó lleno de muertos y heridos. En poco tiempo cayó sobre nosotros la noche helada.

—Miguel, hijo... ¿cómo ha terminado esta guerra?

—Creo que don Diego la ha perdido, padrino.

—Eso era natural —me dijo—. ¿Dónde está ahora Lucía?

—No lo sé —contesté—. Los dos éramos prisioneros de don Diego, pero yo conseguí escapar hace unos días.

Poco después, mi padrino se desvaneció[47]. Enseguida comprendí que íbamos a pasar la noche en un lugar peligroso y busqué un arma para defendernos.

A la débil luz de la luna, se nos acercó una sombra.

—¿Quién sois? —grité asustado— ¡Quedaos ahí y decidme quién sois!

—Un pobre soldado —me contestó una voz familiar.

—Decid vuestro nombre.

—Me llamo Pelayo Peñalba y no llevo armas.

Me alegró enormemente encontrar a mi amigo, pues yo había estado muy preocupado por su suerte. Me dijo que se encontraba bien, excepto por una pequeña herida. Yo le expliqué que había encontrado a mi padrino, pero que estaba muy grave.

Entre los dos buscamos trozos de madera, con los que hicimos un fuego para calentarnos. Cerca de nosotros había otros dos heridos, a los que llevamos con el padrino. No se nos acercó nadie más durante la noche.

Al día siguiente, muy temprano, vinieron unos soldados a recoger a los heridos. Llevaron a mi padrino enseguida al hospital de Guamanga, pero el médico que se ocupó de él lo encontró muy mal.

XII

DEFENDIDO del frío entre los muros de un antiguo templo con los otros heridos, mi padrino despertó y me hizo sentar a su lado.

—Miguel, me estoy muriendo —me dijo casi sin voz—. Ya ves, sólo la muerte me estaba esperando en estas tierras... Pero tenemos que aceptarla... pues así lo quiere Dios.

—Guardad vuestras fuerzas, padrino —dije con los ojos nublados por la pena.

—Tú has sido para mí como un hijo, Miguel, y ciertamente estoy contento de ti. Intenta ser siempre como ahora eres, leal[48] y generoso[49]. Márchate enseguida de estas tierras del Perú, que ya están demasiado manchadas de sangre. Saluda en mi nombre a tu buena madre y a todos los vecinos cuando vuelvas a nuestra tierra. Allí he dejado un escrito al cura de nuestro pueblo donde queda dicho que todas mis cosas deben pasar a tu poder.

Mi padrino quiso entonces que se acercase a él uno de los frailes, con el que estuvo preparándose para morir. Luego se quedó dormido y sólo despertó con la llegada de Vaca de Castro, que estaba visitando a los heridos de su partido.

A pesar de que apenas le quedaban fuerzas, mi padrino pidió al gobernador ayuda para Lucía y para mí.

—Os prometo que se hará como vos queréis —dijo Vaca de Castro—. Pero ahora descansad, mi buen Ordás.

En Guamanga quedó el cuerpo de mi querido padrino; en un triste y seco lugar sin árboles ni planta alguna, al lado de otros muchos soldados muertos en la misma batalla.

Yo sentía el corazón roto por el dolor. Por un dolor hondo, profundo, que no era ya tan sólo un sentimiento, sino una manera diferente de entender algunas cosas del mundo. Un dolor que me ha enseñado a comprender la vida como un camino, como una carrera en la que vamos perdiendo a nuestros seres más queridos.

Peñalba me ayudó mucho los días que siguieron a la muerte del padrino. Me animaba contándome historias que me hacían olvidar la pena durante algunos minutos. Pero un día también me habló de Lucía; mi amiga podía estar en peligro si, como se comentaba entre las gentes, Almagro *El Mozo* estaba en la cárcel.

Preocupado por la suerte de mi amiga, decidí ir a pedir ayuda al gobernador. Cuando llegué a su palacio, tuve la desagradable sorpresa de encontrar al alférez Bengoechea entre los soldados que guardaban la entrada. Comuniqué al secretario de Vaca de Castro mi intención de hablar con el gobernador, pero éste no me recibió hasta horas más tarde y lo hizo de pie, con una fría mirada en sus ojos.

—¿Qué quieres? —preguntó.

Le hablé de mis deseos de encontrar a Lucía y pedí que me ayudara a buscarla. Me dijo que sólo por la promesa que había hecho a mi padrino antes de morir, no haría nada en contra de nosotros.

—¿No es verdad que tú has sido secretario personal de Almagro y que fuiste a visitar a Manco Cápac en su nombre? ¿Y no es cierto que esa india, Lucía, es la amante de mi enemigo?

—En verdad ella lo ama —conseguí decir—, pero esto no significa que Lucía tenga sentimientos contrarios al Rey. Y por mi parte, debo deciros que estuve cerca de morir ahorcado, cuando intenté venir a vuestro lado. Señor, creo que no tenéis una información correcta sobre nosotros. Si queréis, yo haré un escrito para vos en el que os presentaré toda la verdad.

Pero Vaca de Castro no me escuchaba. Llamó a su secretario para pedirle que me diera las cosas de mi padrino y no quiso saber más de mí.

Volví a mi habitación muy enfadado por la manera en que me había hablado el gobernador. Sin duda, todo era culpa del alférez Bengoechea que volvía a intentar hacernos daño, a buscarnos poderosos enemigos a Lucía y a mí. Pero yo estaba furioso con el gobernador: nosotros habíamos dejado nuestra casa, nuestras tierras, nuestra vida cómoda; habíamos perdido nuestro dinero; habíamos pasado por grandes peligros; mi padrino había muerto... y este hombre, ¿cómo nos lo pagaba?

Pelayo volvió ya de noche con algo para comer y, como siempre, tuvo amables palabras para mí. Cuando me vio un poco más tranquilo, me dijo que teníamos que salir enseguida para El Cuzco. Al día siguiente iban a matar a don Diego, y seguro que allí estaba también Lucía, sola y sin amigos.

Llegamos a esta ciudad dos días después de la muerte de Almagro *El Mozo*. Pronto supimos que sus enemigos se habían quedado con su dinero, sus criados y con todas sus cosas; pero también, que Lucía había recibido el perdón personal del gobernador.

Y aquí termina este escrito, que intenta explicar al Señor Gobernador, don Cristóbal Vaca de Castro, la verdad de los hechos en que nos hemos visto envueltos Lucía, Pelayo Peñalba y Miguel Villacé Yólotl. Firmado por este último en la ciudad de Lima, Puerto de El Callao, mesón de San José.

SEGUNDA PARTE

EL TESORO DE LOS INCAS

I

Ya he enviado al gobernador el escrito que he estado haciendo para él. Ahora puedo esperar tranquilo la llegada del capitán Pedro de Reira, que me devolverá a México. La verdad es que ya debía haber vuelto de Chile y estoy un poco preocupado.

He terminado también la carta que tenía que escribir para mi amo, pero no quiero dársela todavía. Podría quitarme el permiso que me dio para escribir dos horas al día. He decidido usar este tiempo para contar nuestros viajes por el Perú. Quizás un día pueda dar este escrito a mi amigo Peñalba como recuerdo de las aventuras que vivimos juntos.

* * *

Peñalba y yo buscamos a Lucía por toda la ciudad de El Cuzco, pero nadie supo decirnos nada sobre ella. Finalmente, fuimos al lugar donde había vivido Almagro antes de la batalla de Chupas. Era éste un antiguo edificio de los Incas, cerca del templo del Sol, ocupado ahora por los caballos del ejército de Vaca de Castro. Un soldado que vigilaba la entrada nos preguntó qué hacíamos allí.

—Buscamos a aquella señora india, Lucía de nombre, que dicen que era la enamorada de Almagro *El Mozo*.

—Ahí dentro la encontraréis, llorando sin parar. No han dejado de caer lágrimas de sus ojos desde que él murió.

Encontramos a Lucía en el arruinado jardín. Tenía la mirada perdida, parecía cansada de vivir. La abracé con cariño y besé su cara fría y mojada. Sentí que mis lágrimas se unían a las suyas y un enorme dolor nos envolvió a los dos.

No puedo decir el tiempo que pasó. Sólo recuerdo la voz de Peñalba diciéndonos que debíamos marcharnos de allí para buscar un lugar más seguro. Andando por la ciudad, encontramos un sitio en el que pudimos hablar sin ser oídos. Allí Lucía nos contó los detalles de la muerte de don Diego de Almagro.

—Cuando Diego vio perdida la batalla —dijo Lucía—, decidió aceptar la ayuda que le había ofrecido Manco Cápac. Pero antes de salir hacia las montañas, vinimos a El Cuzco para buscar a la compañera de un capitán, muy amigo de Diego, que también nos acompañaba. Nunca debimos haber venido a esta ciudad. Mientras estábamos aquí, los hombres de Vaca de Castro trajeron noticias de los resultados de la batalla. Por desgracia, Diego fue descubierto y llevado a la cárcel.

Entre lágrimas, Lucía nos siguió contando que, después de un rápido proceso, se encontró culpable a don Diego: debía morir, sin posibilidad de perdón.

—Lo mataron en el mismo lugar en que habían matado a su padre —dijo—; le dio muerte la misma persona. Yo no lo vi, pero todo el mundo me ha dicho que estuvo valiente hasta el final.

Cuando terminó su historia, esperé a que quedase tranquila antes de decirle que también el padrino había muerto. Lucía recibió la noticia con amarga sorpresa y sus ojos volvieron a llenarse de lágrimas. Lloramos de nuevo los dos unidos en un largo abrazo, mientras Peñalba preparaba un lugar donde dormir.

Supimos que el gobernador Vaca de Castro había venido a El Cuzco con su gente, y que estaba matando a los antiguos hombres de Almagro. Y así murieron muchos de los que yo había conocido durante los días que viví con el ejército de don Diego.

Una mañana que iba a buscar la comida que un soldado amigo de Peñalba nos daba, me crucé con el alférez Bengoechea. Él me reconoció enseguida y me dijo:

—¿Tú por aquí? Habrá que ver en qué asuntos estás metido ahora y encontrar la manera de darte una buena lección.

Preocupado, fui a contar a mis amigos las palabras de Bengoechea. Decidimos los tres salir inmediatamente de El Cuzco y venir a Lima para buscar la ayuda del buen fraile Martín de Valderas, que habíamos conocido en nuestro viaje desde Panamá.

II

SALIMOS de El Cuzco por el antiguo camino de los Incas. No tardamos mucho en comprobar las desgracias que había traído la guerra: tierras secas en que los pobres indios buscaban sin éxito un poco de comida. Aquí y allí, encontrábamos cuerpos muertos de personas, medio comidos por los animales.

Al cuarto día de viaje, nos cruzamos con un grupo de frailes.

—Eh, muchacho, acércate —me dijo uno de ellos—. ¿No eres tú Miguel Villacé?

—En verdad que lo soy, para serviros —contesté.

Y de esta manera nos encontramos con fray Martín de Valderas, que iba a El Cuzco con unos compañeros para intentar organizar la ciudad, según él mismo me contó. Después me preguntó que adónde íbamos.

—A buscaros, buen padre —le contesté—. Mi padrino murió y estamos solos y pobres. Además, venimos escondiéndonos de aquel alférez Bengoechea que vos conocéis.

—Si me buscabais, ya me habéis encontrado —dijo el fraile—. Venid conmigo a El Cuzco, que yo cuidaré de vosotros. Luego me contaréis con más detalle todos esos asuntos.

Volvimos a la ciudad. Peñalba y yo nos quedamos a vivir con los mismos frailes viajeros; Lucía fue al convento de unas monjas conocidas de fray Martín, como ya había ocurrido en Lima. Sólo podíamos verla unos momentos, pero yo iba a visitarla cada día para que no se sintiera sola.

En una de mis visitas, encontré a mi amiga especialmente callada. Intenté contarle las diferentes noticias de la ciudad, pero ella no seguía mi conversación. De pronto, y dejando sin respuesta una de mis preguntas, Lucía se acercó a mí y me dijo:

—Escúchame, Miguel. Tengo que contarte un asunto que me tiene muy preocupada —me dijo—. Antes de que lo mataran, Vaca de Castro dio permiso para que don Diego se despidiera de mí. Me llevaron a la cárcel donde él estaba y nos dejaron quedarnos solos durante unos momentos. Don Diego estaba muy pálido, pero había aceptado su destino. Me hizo sentar a su lado, tomó mis manos entre las suyas y dijo muchas veces que me quería... Más tarde me contó un grandísimo secreto. Tú has oído decir —siguió Lucía— que Pizarro prometió dejar libre a Atahualpa si éste llenaba de oro una habitación entera. Durante dos meses miles de indios llevaron oro sin parar, hasta hacer lo que el Inca había prometido. Pero, como sabes, Pizarro olvidó su palabra y mandó matar a Atahualpa. Cuando los indios descubrieron el engaño, ocultaron el oro que les había quedado. Encontrar ese oro ha sido el sueño de muchos soldados, que lo han buscado por todas partes. Un viejo capitán de Almagro consiguió información del lugar en el que está escondido uno de esos tesoros... Y esa información ha llegado a mí. Diego me dio esto —dijo Lucía sacando un paquetito de debajo de su falda—, cuando nos despedimos en la cárcel.

Mi amiga me enseñó entonces un montón de cuerdecitas de colores llenas de nudos. Empezó a colocarlas ordenadamente y vi que no eran sino tres cuerdas, de esas que los indios llaman *quipus*.

—Aquí está la dirección que debe seguirse para llegar al tesoro. Cuando los hombres de Vaca de Castro encerraron a Almagro, encontraron entre sus ropas los *quipus*, pero no les dieron importancia.

—¿Por qué son tres? —pregunté.

—Parece que los indios partieron la información en tres pedazos para guardar mejor el secreto —me explicó Lucía—. Al principio pensé en quemar los tres *quipus*, pues el oro sólo ha traído dolor a este mundo. Pero ahora me pregunto si esto será lo mejor para todos. Diego me pidió que buscara el tesoro y que ayudara a las pobres gentes a vivir mejor... Pero yo no sé qué hacer. Mi cabeza se encuentra llena de extrañas preguntas. ¿Tú qué me aconsejas, Miguel?

Pedí a mi amiga que me dejara pensar un poco, pues la respuesta no me parecía fácil. Volví al convento. Pero mientras realizaba mis trabajos, y después, al acostarme, no dejaba de pensar en aquel tesoro del que tanto había oído hablar a los soldados: el enorme sol de oro, las riquísimas joyas de los reyes incas... Apenas pude dormir durante la noche; en el fondo de mi corazón sentía un fuerte deseo de ser yo la persona que descubriera esos testigos maravillosos de las antiguas historias incas.

Al día siguiente, fui a ver a mi amiga a primera hora.

—Lucía —le dije—, no puedes olvidar que don Diego te pidió que buscaras ese tesoro. En el oro hay poder para el mal, pero también hay poder para el bien. Piensa en las cosas buenas que podemos hacer por la gente pobre... Pero, si decidimos buscarlo, necesitamos ayuda. Primero debemos conocer qué dicen esos *quipus*. Luego tenemos que conseguir caballos y comida. Si te parece bien, hablaré con fray Martín y le ofreceré por su ayuda una parte del tesoro para su convento.

—Miguel, ¿no será un error? —me dijo dudando Lucía— ¿No será que queremos buscar ese oro para nosotros mismos?

—No tengas miedo —le contesté—. Tú sabes que nosotros nunca hemos querido ser ricos. Piensa en el bien que podremos hacer cuando tengamos ese oro.

Y me despedí de Lucía, con la intención de ir a hablar con fray Martín.

III

AL volver al convento encontré enseguida a fray Martín. Le pedí que me acompañara a un lugar donde no pudiera escucharnos nadie.

—Fray Martín, ¿habéis oído hablar de esos tesoros que, según se dice, escondieron los indios?

—Algo he oído —contestó el fraile.

—Pues bien, parece que esos tesoros son mucho más ricos que todos los que hasta ahora se han encontrado en estas tierras. ¿Qué haríais vos con un tesoro así? —seguí— ¿Lo dejaríais allí olvidado para siempre? ¿Pensáis, quizás, que el oro es malo?

—Pienso que el oro no lleva a hacer cosa buena.

—Pero podría ayudar a las personas pobres. ¿Aceptaríais vos ayudar a encontrar un tesoro recibiendo por ello una parte importante de él para vuestro convento?

—Siendo para hacer el bien... Quizás aceptaría.

—Fray Martín —dije—, antes de morir Diego de Almagro dio a Lucía información segura para llegar a uno de esos tesoros.

—¿Era cierto, entonces, que Almagro tenía un mapa del tesoro? —preguntó fray Martín muy interesado.

—No es un mapa, fray Martín. Son *quipus*.

—Bien, Miguel —dijo después de un largo silencio—. Voy a pensar en este asunto. Pronto te daré una respuesta.

Al día siguiente me llamó el fraile muy temprano y me dijo que aceptaba ser nuestro compañero en aquella aventura de buscar el tesoro.

—Pero deberemos prometer a Dios que usaremos bien ese oro. Por mi parte, tengo la intención de construir hospitales en Lima y en El Cuzco para curar a los enfermos pobres. ¿Tienes ahí los *quipus*, Miguel?

—No. Los tiene Lucía.

Corrí a contarle a mi amiga la conversación que había tenido con fray Martín. Luego le propuse meter a Peñalba en la aventura y ella estuvo de acuerdo. Aquel mismo día, el fraile consiguió permiso para que Lucía pudiera venir a nuestro convento; al oscurecer, estábamos ya los cuatro juntos en la habitación de fray Martín. En aquella reunión decidimos la manera en que íbamos a partir el tesoro cuando lo encontráramos. Después de sacar la quinta parte que debe darse siempre al Rey en estos negocios, dos quintas partes iban a ser para Lucía; una, para el fraile; una, para Peñalba y para mí. También decidimos guardar el asunto en secreto para salvarnos así de los males que el conocimiento público podía traernos.

Lo primero que hicimos fue buscar a personas capaces de leer los *quipus*. No fue empresa fácil, pero al fin conseguimos encontrarlas gracias a la confianza que tenían los frailes con algunos de los jefes indios.

Fray Martín, con mucho cuidado, escribió todas las cosas que los indios nos contaban. Al final, con sus resultados en la mano, nos dijo que los tres *quipus* juntos daban información de un solo camino. El primer *quipu* explicaba la manera de llegar desde El Cuzco hasta un pequeño templo indio. El segundo, hablaba de un camino que había entre este templo y un puente que cruzaba unas montañas. Con la información que daba el tercero, se podía ir desde este puente hasta una gruta[50] que estaba a la orilla de un río.

No era aquel el mejor tiempo para empezar un viaje que parecía muy difícil, pues las montañas estaban heladas por el frío del invierno. Pero por entonces tuvimos nuevas noticias del alférez Bengoechea. Según había sabido fray Martín, el gobernador había dado mucho poder al alférez y éste quería conseguir a Lucía para tenerla en su casa.

—Tenéis en ese hombre a un malísimo enemigo —nos dijo fray Martín—. Yo creo que debemos marcharnos de aquí enseguida.

Salimos de El Cuzco con el mayor secreto posible, cuando el nuevo día apenas había empezado a dar luz, con nueve indios que iban a ayudarnos a encontrar nuestro tesoro.

IV

ANTES de seguir con esta historia, necesito hablar ahora de un hecho maravilloso que me ocurrió ayer.

Hace días me acerqué al puerto, en uno de mis pocos momentos libres, para ir a mirar un barco del que todo el mundo hablaba. La gente contaba que su capitán era una mujer, y que el barco brillaba como el oro entre las aguas del mar. Y así es en realidad; aunque, si el barco brilla, es porque está muy bien pintado y muy limpio.

Más tarde llegaron al mesón unos indios de este barco y al oírlos sentí yo una gran emoción, pues hablaban entre ellos el idioma del pueblo de mi madre. Me acerqué entonces con una sonrisa en la boca y los saludé en su misma lengua. Me preguntaron que quién y de dónde era para hablar así y a todo les contesté yo encantado. Muy pronto los indios tuvieron que marcharse y se despidieron de mí con amables palabras.

Ayer volvieron ellos al mesón con un regalo para mí. Me pidieron por favor que los acompañase, pues su capitán tenía mucho interés en hablar conmigo. Como era la hora en que tengo permiso para encerrarme en mi cuarto a escribir, mi amo me dejó salir del mesón.

Cuando llegamos al barco, me llevaron delante de su capitán. Me quedé sin palabras: delante de mí estaba la belleza única de doña Ana de Varela, la mujer que había sido novia de don Pedro de Rueda. A los dos serví yo durante mi primer viaje, en aquella aventura en que acompañé a mi buen padrino a descubrir las tierras de una extraña reina llamada Yupaha. Me acerqué a doña Ana para besar sus hermosas manos pero no me dejó, sino que me abrazó con mucho amor besándome en la cara. Llevaba un bonito y sencillo vestido azul y olía a flores secas.

—Hace unos días vi en el puerto a alguien que me pareció familiar —me dijo—. Supe luego por unos indios que trabajan para mí que esa persona eras tú. ¿Está también contigo tu padrino?

—Mi padrino murió en la guerra de Chupas —respondí yo—. En Guamanga quedó su cuerpo.

Doña Ana sintió profundamente la muerte de mi padrino, que tan valientemente la había servido en nuestro viaje por las tierras de Yupaha. Además, yo pregunté por Ginés, un joven indio educado en España, que se había quedado con doña Ana la última vez que lo vi.

—Muy pronto podrás verlo —me contestó—, pues está en el barco.

Enseguida llegó Ginés y nos saludamos muy contentos de volver a vernos. Luego, los dos me contaron que estaban en el puerto de El Callao preparándolo todo para salir a descubrir los mares del sur. Me invitaron a acompañarlos, pero yo les dije que tenía la intención de volver a mi tierra.

–Piénsalo, Miguel. Todavía nos quedaremos aquí por un tiempo. Puedes cambiar de opinión.

Desde que hablé con doña Ana estoy muy nervioso, pues no sé si irme con ella o no. Por un lado, empiezo a echar de menos el mundo de aventuras que envuelve los viajes; por otro lado, deseo ir a ver a mi madre. Cuando hoy he vuelto al mesón y he empezado a escribir nuestra aventura del tesoro de los Incas, sólo me quedaban palabras para hablar de doña Ana.

* * *

Ya dije que salimos de El Cuzco con mucho secreto. Anduvimos durante bastantes días por lugares secos, desnudos de árboles y otras plantas, y donde apenas se veían seres vivos. Por aquellas tierras altas, Lucía empezó a sentirse mal: se desvanecía y a menudo vomitaba[51] la comida que tomaba. Fray Martín, Peñalba y yo estuvimos muy preocupados por su salud, pensando que tenía unas fiebres muy frecuentes en esos lugares.

–No debéis preocuparos más por mí –me dijo ella un día en secreto–. Yo no estoy enferma, Miguel. Debes saber que hace tiempo que no soy una niña. Estoy esperando un hijo, un hijo de don Diego.

Pensaba en Lucía como madre y comprendí que yo tampoco era un niño y que debía pasar a ese lado de la vida en que estaba ya mi amiga.

Con el tiempo, sus fuerzas volvieron y después de unos días pudo seguir el viaje como todos los demás. Sin embargo, yo intentaba estar siempre cerca de ella para ayudarla mientras bajábamos de las altas montañas heladas.

Una tarde, cuando ya alcanzábamos a ver brillar la luz del sol entre los verdes bosques, Lucía volvió la cabeza con sorpresa.

—¿No has oído? —me preguntó mirando alrededor, a las montañas oscuras.

—¿Qué dices?

—Me ha parecido oír un caballo.

Pero yo sólo oía pasar el viento entre las piedras.

A pesar de que al principio no vi a nadie, no tardé en darme cuenta de que no estaba solo. Y cuando mis ojos se acostumbraron a ver en aquel oscuro lugar, me encontré con un viejo indio.

V

LLEGAMOS por fin a tierras menos frías donde los campos eran ricos y nuestros caballos podían comer mejor.

—Seguramente ya estamos muy cerca de nuestro primer destino —nos dijo el fraile una noche mientras nos preparábamos para dormir—. Mañana cada uno de nosotros irá por un camino para buscar ese templo del que habla el primer *quipu*. Lucía se quedará aquí esperándonos con los indios.

Yo decidí ir hacia el este, y atravesando una pequeña montaña llegué a un valle. No había andado mucho cuando encontré una pequeña casa de piedra que tenía el techo hecho de plantas secas. Alrededor de ella había un grupo de personas que gritaron y se fueron corriendo al verme.

Bajé del caballo y entré en su interior. Aquel edificio era sin duda un templo, pues estaba lleno de flores, collares, vasos de barro y otras cosas que los indios ofrecen a sus dioses.

A pesar de que al principio no vi a nadie, no tardé en darme cuenta de que no estaba solo. Y cuando mis ojos se acostumbraron a ver en aquel oscuro lugar, me encontré con un viejo indio, sentado en el suelo, que me recordó enormemente a mi abuelo.

El anciano abrió los ojos para mirarme y sentí que podía hablar con él por medio de la mirada. Luego, lentamente, varios pensamientos empezaron a abrirse dentro de mi mente: «El trabajo será inútil»... «Las lágrimas del sol»...

Yo no sé de qué manera me llegaron estas palabras, pero llegaron... Después, el anciano, levantando un brazo, me señaló[52] con un dedo la puerta de la casa, que estaba abierta, y sus ojos me dijeron: «Ve por ahí, si debes hacerlo».

Entonces, dentro de mí, vi un camino que llevaba hasta un puente. Y luego vi la manera de llegar a una gruta en la que había un tesoro escondido. Vi brillar el oro dentro de la gruta. Vi dolor y muerte... «Las lágrimas del sol» –pensé de nuevo, como recordando una frase conocida por mí desde hacía muchos años.

Finalmente, el anciano cerró los ojos y yo comprendí que debía marcharme.

—Gracias, abuelo –dije en el idioma de mi madre.

Cuando volví al lugar en que debía encontrar a mis compañeros de viaje, Lucía estaba sola con los indios, pues ni el fraile ni Peñalba habían vuelto aún.

Me acerqué a mi amiga y le conté el extraño caso que me había ocurrido.

—Lucía, creo que no debemos seguir con este viaje. Me parece que sería mejor volver al puerto de El Callao y buscar allí la manera de llegar hasta México –dije asustado por el recuerdo de todo lo que había visto.

Nos quedamos en silencio, dentro de los más profundos pensamientos, hasta que al oscurecer volvieron fray Martín y Peñalba. También a ellos les conté, temiendo que me tomaran por loco, las cosas que había vivido en aquel templo indio. También a ellos les dije que debíamos volver atrás. Pero el fraile no dio mucha importancia a las cosas que yo había visto. Él no creía en mi sueño.

Fray Martín nos explicó entonces que «las lágrimas del sol» era el nombre con el que los indios de estas tierras llamaban al oro.

—Seguro que estás muy débil y cansado, Miguel —me dijo—. La poca comida y el mucho trabajo traen a veces estos viajes de la mente. No eres la única persona que ha visto cosas raras. Monjas y frailes de nuestra iglesia han creído ver con sus propios ojos a Dios, después de estar unos días sin comer bien. Pero si por alguna extraña razón tu sueño es cierto —siguió diciendo—, sólo puede significar una cosa: que nos encontramos cerca del tesoro. Debemos seguir hasta el final.

Durante largo tiempo se discutieron las palabras de fray Martín, pero por fin quedamos todos convencidos de que el buen fraile tenía razón. De este modo, al día siguiente tomamos la dirección que debía llevarnos hasta la gruta del tesoro. Yo iba siempre al lado de Lucía para ayudarla en los momentos difíciles, a pesar de que ya estaba bastante mejor. Muchas veces mi amiga me pedía que le contara historias de aventuras para hacer más divertido el largo camino. Un día que así estábamos, me tomó del brazo para hacerme callar.

—¿Qué ocurre? —pregunté sorprendido.

—¿No has oído nada? —me dijo— ¿No habéis oído ruido de caballos? —dijo Lucía volviéndose hacia los demás.

Pero tampoco en esta ocasión ninguno de nosotros había oído nada.

Nuestro viaje siguió lentamente, por los mismos lugares que yo había visto en mi sueño.

Cuando al fin estuvimos delante de la gruta, yo sabía que ya era demasiado tarde para volver atrás. Nuestro destino era encontrar aquel tesoro.

VI

Estábamos en el fondo de un pequeño valle por donde antiguamente había corrido un río que nacía dentro de la misma gruta.

—Ahí dentro tenéis el tesoro —dije yo—. Es la misma gruta que me hizo imaginar el anciano, la misma que yo soñé.

Nos detuvimos a unos metros y nadie habló ni se movió en mucho tiempo. Cuando por fin los cuatro compañeros entramos en ella, me llamó la atención el suelo: estaba abierto por muchos lugares, que dejaban pasar el ruido de las aguas del río.

Después de cruzar la gran entrada, anduvimos por un estrecho y oscuro pasillo antes de llegar a la sala donde se encontraba el tesoro de los Incas. Era aquella la más maravillosa cosa que una persona podía imaginar. Había montañas de anillos, de collares, de vasos... Las piedras preciosas brillaban a montones entre las sombras... Y allí estaba ese famosísimo sol de oro del que todo el mundo hablaba...

La sorpresa de aquel riquísimo tesoro ató nuestras lenguas durante mucho rato. Y cuando pudimos decir palabra, fue para hablar de la belleza de un plato, de una piedra, de un collar.

Decidimos al fin que ya era hora de volver al lado de nuestros indios, que nos esperaban fuera de la gruta. Mientras salíamos, vimos en la entrada gran número de armas españolas y de pólvora, que sin duda los indios habían escondido allí.

—Deberíamos dejar algunos hombres para que vigilen la gruta —dijo Peñalba.

—¿Qué dices, Pelayo? —contesté yo riéndome con ganas— Durante mucho tiempo, este lugar no ha necesitado que lo vigilasen. Mejor descansemos todos bien esta noche.

—Miguel tiene razón —dijo fray Martín—. No hay más gente que nosotros por estos alrededores. Sólo debe preocuparnos el encontrar la mejor manera de sacar de aquí este enorme tesoro.

Cenamos, reímos y charlamos, contentos como niños, hasta altas horas de la noche. Nos acostamos muy tarde, pero yo no conseguí dormirme hasta mucho después. Sentía las joyas brillar como un fuego que me quemaba dulcemente por dentro.

El sol ya estaba muy alto cuando me desperté por la mañana. Escuché voces extrañas muy cerca de nosotros y me levanté. Descubrí entonces con sorpresa que estábamos rodeados de gentes de mal aspecto y que nuestros indios se encontraban de pie, en silencio.

—Tumbaos de nuevo si no queréis morir —me dijo un soldado, con un arma de fuego entre las manos.

Volví la cabeza hacia la entrada de la gruta y vi que estaba ocupada por un grupo de soldados. Y comprendí entonces que los ruidos que Lucía había oído por el camino eran ciertos.

El grito de aquel hombre había despertado a mis compañeros, que recibieron la misma orden que yo. Así tuvimos que quedarnos un buen rato, quietos y callados, hasta que el jefe de aquel grupo de soldados diera nuevas órdenes. Por fin, reconocí a un hombre que, después de salir de la gruta, se acercó a nosotros: nuestro antiguo enemigo, Bengoechea.

–¿Qué pasa aquí, alférez? –dijo fray Martín– Si sois vos la persona que manda a estos soldados, decidles que bajen las armas.

–¿Por qué tendría que hacerlo? –contestó Bengoechea– ¿No estabais robando un tesoro que debe ser de las personas que conquistaron estas tierras?

–No hemos robado nada, pues pensamos hacer pública la noticia de que lo hemos encontrado. Y por otro lado, decidme, ¿qué hacéis vos en estas tierras?

Al oír que el fraile le hablaba así, Bengoechea reaccionó mandando desnudar a fray Martín. Luego buscó una cuerda y casi la rompió sobre las espaldas del pobre hombre, que quedó medio muerto en el suelo.

–Me obedeceréis –dijo Bengoechea– o no saldréis vivos de aquí.

VII

Estaba contando cómo el alférez Bengoechea nos sorprendió mientras dormíamos, cerca de la gruta del tesoro.
Y parece que al recordarlo han caído sobre el mesón todos
los males del mundo; pues cuando esto estaba yo escribiendo, he oído unos terribles gritos en el patio. He bajado corriendo hacia allí y me he encontrado con que mi ama estaba dando unos fortísimos golpes a su esclava Carlota. Le
pedí que no siguiese, pues iba a matarla, pero esa mujer no
me ha hecho caso. Y sólo cuando se ha cansado de hacer
daño, ha dejado tranquila a la muchacha.

He pasado mucho tiempo pensando en el triste destino
de los esclavos, y también en la posibilidad de salvar a
Carlota de esta vida cruel. Ahora, vuelvo a mi escrito, con la
sombra mala de los hechos de aquellos días y de mi preocupación por Carlota.

* * *

Recuerdo el tiempo pasado bajo las órdenes de
Bengoechea como un mal sueño. Todos los días, los soldados nos despertaban a golpes a Peñalba y a mí. Nos lleva-

ban a trabajar a la gruta con los indios que habían venido con nosotros, hasta que llegaba la noche. A Lucía la obligaban a hacer la comida para todo el mundo: un plato de sopa cada vez más parecida al agua.

Fray Martín había quedado tan gravemente herido después de los golpes recibidos el primer día que apenas podía moverse y se pasaba todo el día acostado en el suelo. No lo volvieron a molestar, pero tampoco dejaban que cuidásemos de él. Y el pobre hombre sufría mucho, sobre todo de sed, pues nosotros sólo podíamos ayudarlo al oscurecer, cuando parábamos para dormir.

Creo que fue el cuarto o quinto día cuando, en medio de nuestro trabajo, oímos que el fraile lloraba pidiendo de beber. Los soldados, como siempre, no le hicieron ningún caso, pero a mí me dio tanta lástima que me levanté para llevarle un poco de agua. Sin embargo, uno de los indios que habían servido a fray Martín, llegó a su lado antes que yo con un vaso. Todo el mundo se quedó quieto mientras el alférez Bengoechea se acercaba a nosotros. Entonces sacó un cuchillo que siempre llevaba consigo y lo metió de un solo golpe en la espalda del indio. Luego se volvió hacia mí. Pero en aquel mismo momento llegó Lucía al lado del capitán y lo agarró fuertemente del brazo.

—¡No lo matéis! —le dijo Lucía— Os lo pido por favor.

Gracias a mi amiga pude salvar la vida; pero, desde entonces, ella tuvo que aceptar ir a vivir a la gruta con el alférez.

Pasaron días y más días. Los indios, Peñalba y yo seguíamos trabajando sin parar, sacando los tesoros de la gruta y preparándolos para llevarlos lejos de allí. Parecía que nuestro trabajo no iba a acabar nunca, pues la mayor parte del tesoro estaba todavía en el interior de la gruta. Sin embargo, apenas quedaba algo para comer.

Una noche me despertó el ruido de muchas voces que salían de la gruta. Parecía que el capitán estaba discutiendo con los soldados porque éstos habían decidido marcharse con la parte del tesoro que ya estaba preparada para el viaje. Lucía, aprovechando esta ocasión, fue al lugar en que yo dormía.

—Miguel —me dijo en voz muy baja—. Debéis buscar la manera de escapar de aquí. Estáis en gran peligro.

—Pero ¿qué será de ti entonces? —pregunté.

—Eso no debe preocuparte. Ahora debéis salvaros vosotros tres.

Mientras Lucía volvía a la gruta, yo me acerqué a Peñalba.

—Sabes muy bien que fray Martín no puede moverse —dijo mi amigo cuando le expliqué las palabras de Lucía—. Y sin caballos, ni comida, tampoco nosotros llegaremos muy lejos. Además, no podemos dejar a Lucía aquí con esos hombres. Debemos encontrar otra solución.

VIII

Estos últimos días no he podido escribir nada, y es que las cosas han cambiado mucho a mi alrededor.

Mientras estaba escribiendo las desgracias ocurridas al lado del alférez Bengoechea, llegó el dueño del mesón a pedirme la carta que yo ya tenía escrita para su hermana.

—Tomadla. Como veis, sólo falta que la firméis.

—Está bien —dijo él secamente—. Ahora ve a ayudar a tus compañeros. Desde este mismo momento se han acabado tus horas libres. No quiero vagos aquí.

Me quedé muy sorprendido y casi sin palabras. Sentí que aquel hombre me estaba hablando como a un esclavo. Y pensé que yo trabajaba en el mesón de la mañana a la noche sin recibir por ello más que la comida y una cama.

—Señor —le dije—, debo deciros que es necesario que me dejéis ese tiempo libre. Vos me lo debéis.

—Sal ahora mismo de mi casa, muchacho —me gritó entonces—. No quiero verte delante de mí ni un solo momento más. Sólo has servido de mal ejemplo a los demás criados. Si mañana sigues por aquí, te echaré los perros.

Las voces de aquel que ya no era mi amo quedaron durante largo rato en mi memoria. ¿Por qué me había hablado de aquella manera? Primero pensé que el dueño del mesón estaba enfadado conmigo porque yo había defendido públicamente a Carlota. Pero no tardé en saber que no era ésa la razón de sus malas maneras, sino otra muy distinta.

Decidí entonces no esperar más para dejar el mesón y marcharme al barco de doña Ana, donde estaba seguro de ser bien recibido. Pero apenas había cruzado la puerta, oí que un desconocido me llamaba desde el otro lado de la calle.

—¿Conocéis por casualidad al joven Miguel Villacé? —me preguntó.

—Con él habláis, señor. ¿Qué queréis?

—Llevo aquí esperándoos toda la mañana —contestó—, pues el dueño del mesón no ha querido daros mi recado cuando ha sabido lo que era.

Me contó entonces que venía de parte del capitán Pedro de Reira para avisarme de que éste no podía ir a buscarme. Según parecía, había perdido su barco en las costas de Chile a causa de una tormenta. Don Pedro había salvado la vida, pero se había quedado en aquellas tierras y me hacía llegar la noticia de su desgracia por medio de una persona de su confianza. Comprendí entonces yo, de repente, por qué el dueño del mesón me había echado de su casa de aquella manera.

Aquel hombre me dijo también que muy pronto él iba a salir hacia México en un barco que acababa de llegar al puerto. Y que era seguro que necesitaban todavía más gente.

Estas palabras me animaron tanto que pensé en ir enseguida a hablar con el capitán de ese barco para ofrecer mi trabajo. Pero antes debía resolver otro asunto que me tenía preocupado; y fui a ver a doña Ana para pedirle que comprara a Carlota, la esclava de la dueña del mesón.

Doña Ana me recibió muy contenta y me invitó de nuevo a ir con ella a los mares del sur. Yo le contesté que tenía la intención de volver a mi tierra en un barco que iba a salir hacia México. Sin embargo, acepté quedarme allí hasta el momento de mi salida. Luego le propuse comprar a Carlota para que la sirviera en el barco.

Ginés fue al día siguiente al mesón para preguntar el precio de la esclava, pero sus dueños le pidieron demasiado dinero y doña Ana no ha querido comprarla.

Ahora vivo en el barco de doña Ana, mientras espero el momento en que saldré en dirección a mi tierra. Y escribo. Me siento libre.

IX

Y vuelvo de nuevo a mi recuerdo de los sucesos que tuvieron lugar en aquellos tiempos difíciles del descubrimiento del tesoro de los Incas. La noche que Lucía nos dijo que Bengoechea pensaba matarnos, yo sólo pude pensar en encontrar la mejor manera de escapar de allí. Pero ni Lucía ni fray Martín podían acompañarnos.

—Escucha, Miguel —me dijo Peñalba al oído sacándome de mis pensamientos—, he tenido una idea... Creo que podremos salir vivos de aquí si usamos la pólvora que hay en la gruta...

El plan de mi amigo era tomar las armas de nuestros enemigos para pasar a ser nosotros los dueños de la situación. Sin embargo, había un problema, y es que las armas estaban muy bien vigiladas. Peñalba proponía sorprender a los soldados haciendo un gran fuego con la pólvora. Así nosotros podríamos coger las armas en los primeros momentos de sorpresa general.

—Hablaremos con los indios para pedirles que recojan un poco de pólvora siempre que puedan —dijo Peñalba—. Cuando tengamos pólvora suficiente, haremos con ella un caminito hasta el lugar en que dormimos. De noche, no será difícil encenderlo y sorprender con el fuego a nuestros enemigos.

—Me parece, amigo mío, que tu plan es un poco complicado. Pero quizás salga bien.

La buena suerte nos acompañó en aquella ocasión. Y días después de mi conversación con Pelayo Peñalba, se cayó una caja de pólvora en la entrada de la gruta. Los indios que la recogieron tuvieron buen cuidado de dejar una alfombra de pólvora por el suelo, además de llenar con ella sus bolsillos.

Así fue como aquella misma noche, la tercera después de preparar nuestro plan, decidimos intentarlo. Pero las cosas no salieron como mi amigo las había planeado, pues había demasiada pólvora en la gruta. Y cuando el fuego alcanzó la entrada, hubo una explosión[53], seguida de otra, y por fin una tan enorme que nos hizo caer al suelo de espaldas. Un gran ruido de agua que venía del otro lado del vallecito llegó hasta nosotros, a la vez que el suelo empezaba a moverse a nuestro alrededor.

—¡El río viene hacia nosotros! —grité— ¡Vámonos de aquí!

—¡Pero Lucía está dentro! —contestó Peñalba.

El suelo de la gruta se abría ahora en dos largos pasillos, a derecha e izquierda, que iban desde la entrada hasta el fondo. Entre los dos pasillos corrían las aguas que yo había oído pasar por debajo del suelo, la primera vez que entramos en la gruta. La tierra se movía con gran ruido.

El alférez Bengoechea estaba en el fondo del pasillo por el que íbamos Peñalba y yo. Rodeaba a Lucía con un brazo, mientras agarraba un cuchillo con la otra mano.

El alférez Bengoechea, lleno según su costumbre de muchísimas joyas, estaba en el fondo del pasillo por el que íbamos Peñalba y yo, en medio de una parte del tesoro que las aguas todavía no habían conseguido llevarse. Rodeaba a Lucía con un brazo, mientras agarraba un cuchillo con la otra mano. Gritaba algo, pero el terrible ruido del agua que entraba en la gruta y de la tierra que se movía a nuestro alrededor no me dejaron entender sus palabras. Entonces, me tiré furioso contra él y, quitándole el arma, la metí con fuerza en su pecho. Debí de herirle en el corazón, pues aquel hombre cayó muerto al suelo.

Lucía, Peñalba y yo corrimos a toda prisa hacia la salida, y cruzamos, como pudimos, el río de agua que entraba en la boca de la gruta. Buscamos entonces un lugar seguro fuera, en la parte más alta de una enorme piedra. A los pocos segundos escuchamos el ruido de una nueva llegada de agua, que entró también en el interior de la gruta y que, gracias a Dios, no nos alcanzó.

A la luz del día, pudimos ver cómo la gruta había quedado tapada por el río. Del tesoro de los Incas no quedaba nada, se lo había llevado el agua.

No apareció ningún rastro de los cuerpos de fray Martín ni de los soldados y sólo encontramos vivo a uno de los indios. Y así, muy débiles por la falta de comida de tantos días, salimos enseguida de aquel valle, en el que olvidamos para siempre el deseo de buscar tesoros.

X

ANDUVIMOS semanas enteras por lugares en los que el único rastro de vida eran unas plantas que el indio conocía. Con ellas quitábamos el hambre y tomábamos fuerzas para seguir andando.

Un día encontramos un camino que parecía ser usado por los indios de aquellas regiones y que podía llevarnos a algún pueblo. Dudamos un poco antes de decidirnos a tomarlo, pero al final Lucía nos convenció.

—Cansados y sin armas, como estamos —nos dijo—, nuestra única esperanza es recibir ayuda de otras gentes.

Iba el camino en dirección a la montaña cruzando valles y puertos. En uno de esos altísimos lugares nos encontramos con un grupo de indios que nos llevaron a un antiguo edificio, construido por los Incas. Y esa misma noche nos recibió su jefe, que no era otro que nuestro amigo Manco Cápac.

El Inca se alegró al vernos y nos invitó a quedarnos con él todo el tiempo que quisiéramos. Nos explicó que había buscado un refugio más seguro que el anterior, que nosotros conocíamos, a causa de Vaca de Castro. Según nos dijo, el gobernador se había propuesto acabar con él y con las fuerzas que todavía le quedaban en las montañas.

—No estoy aún preparado para luchar contra Vaca de Castro —nos dijo—, pero algún día mi ejército será tan grande y poderoso que echaré a los conquistadores al mar.

Aceptamos encantados la ayuda que el Inca nos ofrecía, pues estábamos necesitando un buen descanso.

Manco Cápac se preocupó de que comiéramos bien, y pronto encontramos otra vez nuestras fuerzas perdidas. Entonces hablé yo con Lucía para recordarle que debíamos seguir nuestro camino.

—Miguel —me dijo—, has sido para mí como un hermano muy querido, pero no voy a acompañarte. Creo que este lugar, con Manco Cápac y las gentes indias, es el mío.

—India es también mi madre —le contesté— y es india la mitad de mí mismo. No has sido nunca una extraña entre las gentes de mi pueblo, ni de mi familia.

—Bien lo sé. Y nunca podré olvidar el amor que he recibido a vuestro lado. Pero llevo dentro de mí un hijo. Y deseo que mi hijo sea educado como un indio y que aprenda nuestras antiguas costumbres desde pequeño.

—Lucía, el poder del Rey de España es muy grande. Sus soldados llegarán un día hasta aquí y pondrán en peligro tu vida y la de tu hijo.

—No me importa. Miguel, tú eres indio, pero también eres español. Imagino que debe de ser muy difícil sentir el corazón partido... Pero yo sólo soy india, y he decidido quedarme aquí.

Hablé del asunto con Pelayo Peñalba, buscando su ayuda para convencer a Lucía de que debía venir con nosotros. Pero la respuesta de mi amigo me llenó de sorpresa.

—Si ella decide quedarse, yo también me quedaré, Miguel. Tú has leído en los libros de caballerías lo que significa servir a una dama[31]. A pesar de que Lucía no sabe nada, yo la sirvo como un enamorado. Me quedaré a su lado, si ella lo acepta, y la ayudaré en el cuidado de su hijo, como un padre... Además, si me quedo aquí podré escribir la historia del último rey inca. ¿Crees que puedo dejar pasar esta ocasión?

Comprendí yo entonces que los sentimientos y las pasiones van por caminos tan secretos y extraños como los que siguen los ríos.

Y así fue como empecé solo el largo camino que debía llevarme hacia casa. Manco Cápac me dio un caballo, ropa y un poco de oro para gastar en el viaje, pero me lo robaron unos ladrones poco antes de entrar en Lima. Llegué andando, triste y sin dinero, al puerto de El Callao, donde encontré trabajo como criado en el mesón de San José, hasta que mis amos me despidieron, como he contado anteriormente.

XI

Cierto es que no somos nunca enteramente dueños de nosotros mismos. Ahora mi deseo de volver a casa, con mi madre y los míos, deberá esperar un momento mejor.

Ayer me mandó llamar el capitán del barco que va hacia México, para avisarme de que iban a salir del puerto de El Callao enseguida. Con intención de presentarme en el barco ese mismo día, recogí mi equipaje y fui a decir adiós a doña Ana y a Ginés. Nuevamente, mis amigos me invitaron a acompañarlos en su viaje a los mares del sur. Según me explicaron, había mucho oro en aquellas tierras.

—Si nos acompañas —dijo Ginés—, volverás tan rico que podrás ayudar mucho a tu madre. Mientras que ahora, que eres pobre, no puedes hacer nada por ella.

—Mi señora doña Ana —dije—, ¿estáis segura de que si os acompaño podré ganar el dinero suficiente para comprar a Carlota? Si es así, os pido que me prestéis ese dinero ahora. Iré a comprarla y así vos tendréis una mujer que os sirva.

—¿Sabes lo que dices, Miguel? —dijo doña Ana— ¿No querías volver a tu tierra para ver a tu madre y a los tuyos?

—Ya los veré dentro de unos meses, mi señora. Y como muy bien dice Ginés, entonces podré ayudarlos mejor.

Doña Ana abrió la caja del dinero y pude comprobar que no había mucho dentro. Sin embargo, ella me dio todo lo que yo había pedido. Y en ese momento, comprendí que había hecho muy bien decidiendo acompañarla.

Me fui sin perder más tiempo al mesón y pedí hablar con el dueño. Le dije que llevaba el dinero para comprar a Carlota, pero que antes quería verla.

Carlota estaba encerrada en la cocina con llave. Tenía la cara sucia de llorar y parecía muy triste.

—Carlota —le dije—, voy a salir muy pronto hacia los mares del sur y no quiero que sigas en manos de esta gente. Ven conmigo. Nadie te va a hacer daño desde ahora.

Luego pedí que pusiesen limpia a la muchacha mientras nosotros arreglábamos el negocio. Cuando salí con Carlota del mesón, ella estaba muy bonita.

Al llegar al puerto, le enseñé el barco de doña Ana y le expliqué que tenía que servir a su capitana, una señora muy buena y amable. Pero ella empezó entonces a llorar con mucha pena, diciendo que estaba enamorada de un negro libre. Que ese hombre estaba ahorrando dinero para comprarla y casarse con ella. Lloraba y lloraba sin parar. Pensaba que, si venía con nosotros, no iba a volver a ver a su amigo; pues, según me dijo, estaba segura de que el destino de nuestro viaje sólo era perdernos en el mar.

—Entonces, ¿por qué aceptaste seguirme? —dije ya nervioso.

—Creí que me comprabas para darme la libertad, y no para hacerme tu esclava.

Me quedé pensando en sus palabras. Carlota tenía razón. Ella seguía siendo una esclava a pesar de mis buenas intenciones. Le pedí que me siguiera a la oficina de esclavos y arreglé los papeles necesarios para darle la libertad.

—Ya eres libre —dije—. Ahora puedes elegir tu camino.

Carlota quiso besarme las manos, pero yo no la dejé. Me prometió que su novio y ella iban a ahorrar para devolverme el dinero que había costado su libertad. Después se despidió de mí y se fue a buscar a su amigo.

Ya era muy tarde cuando volví al barco. Doña Ana y Ginés estaban preocupados y se quedaron muy sorprendidos al verme llegar solo. Yo les conté las razones que me habían llevado a dejar libre a Carlota. Cuando terminé de hacerlo, doña Ana quedó en silencio largo rato y al fin suspiró.

—Me alegra mucho comprobar —me dijo— que no sólo en las novelas de caballerías[31] hay personas como tú, Miguel.

Y cerrando un abanico que tenía en la mano, me dio con él un golpecito en el pecho, a la altura del corazón.

El sol brilla maravillosamente y mañana, con las primeras luces del día, empezaremos el viaje hacia los mares del sur. Lleno de buenos deseos para esos amigos a los que puede que no vea nunca más, termino este escrito el día dos de febrero del año de MDXLIII. Y lo dejo en correos a nombre de Pelayo Peñalba, por si algún día vuelve a este puerto.

SOBRE LA LECTURA

Para comprobar la comprensión

PRIMERA PARTE

I

1. ¿Quién es Miguel de Villacé? ¿Dónde está su casa? ¿Dónde vive en este momento de la historia?
2. ¿Qué le pide el dueño del mesón cuando se entera de que Miguel va a volver a su casa?

II

3. ¿Para qué fueron don Santiago Ordás y Miguel a Panamá? ¿Consiguieron su propósito? ¿Por qué?
4. Después de la tormenta que les obligó a llegar a la costa para arreglar el barco, ¿por qué no siguieron juntos el viaje hacia el Perú? ¿Cómo viajó don Santiago? ¿Y Miguel?
5. ¿Qué opinaba fray Martín de Valderas del oro? ¿Y el alférez Bengoechea?

III

6. ¿Por qué había empezado la guerra entre los partidos de Almagro y de Pizarro?
7. ¿Qué desagradable hecho terminó con las conversaciones en el barco del capitán Reira?

IV

8. En Lima, ¿quién mandó sacar a Miguel del convento de fray Martín de Valderas? ¿Con qué intención?

V

9. ¿Por qué Diego de Almagro El Mozo interrogó con tanto interés a Miguel?

10. ¿Qué trabajo le ofreció Diego de Almagro El Mozo a Miguel? ¿Lo aceptó?

11. ¿Significa esto que Miguel se había decidido enteramente por el partido de El Mozo?

VI

12. ¿Qué sentimiento estaba naciendo entre Lucía y Diego de Almagro El Mozo?

13. ¿Quién era Pelayo Peñalba? ¿Era en realidad almagrista? ¿Era optimista sobre los resultados de la guerra?

VII

14. ¿De qué importante asunto le habló Lucía a Miguel?

15. ¿Qué pensó Miguel de su amiga después de hablar con ella?

VIII

16. ¿Quién era Manco Cápac? ¿Dónde vivía en este momento de la historia?

17. *¿Por qué quería Manco Cápac ayudar a El Mozo?*
18. *¿Decidió Lucía casarse con Diego? ¿Por qué?*

IX

19. *¿Qué se decidió en la reunión que Diego de Almagro tuvo con los capitanes de su ejército?*
20. *¿Qué hizo el alférez Bengoechea cuando conoció la decisión tomada en esa reunión?*
21. *¿Dónde estaba el padrino de Miguel? ¿Qué hacía allí?*
22. *¿De qué hablaban los soldados de Almagro por la noche?*

X

23. *¿Por qué quería Miguel llegar hasta Vaca de Castro? ¿Lo consiguió? ¿Por qué?*
24. *¿Cómo escapó de la cárcel?*

XI

25. *¿Quién ganó la batalla de Chupas?*
26. *¿Encontró Miguel a su padrino? ¿Cómo estaba?*

XII

27. *¿Qué significó para Miguel la muerte de su padrino?*
28. *Después de la muerte de don Santiago Ordás, ¿ayudó el gobernador Vaca de Castro a Miguel y a Lucía?*
29. *¿Qué pensó hacer Miguel para que el gobernador supiera la verdad?*

Segunda parte

I

30. *¿Qué va a escribir Miguel una vez terminada la carta para la hermana del dueño del mesón?*

31. *Miguel y Peñalba encontraron por fin a Lucía. ¿Por qué se escondía tan triste?*

32. *¿Por qué decidieron Miguel, Peñalba y Lucía salir inmediatamente de El Cuzco e ir a Lima?*

II

33. *¿Qué importante secreto le contó Lucía a Miguel?*

III

34. *¿Qué decidió hacer fray Martín de Valderas después de hablarle Miguel del secreto de Lucía?*

35. *¿Cómo consiguieron saber lo que decían los quipus? ¿Qué decían?*

IV

36. *¿Por qué Miguel deja de escribir durante un tiempo?*

37. *¿Por qué se sentía mal Lucía durante el viaje?*

V

38. *¿Qué le ocurrió a Miguel en el templo indio?*

39. *¿Qué opinaba fray Martín de Valderas sobre lo que le ocurrió a Miguel en el templo?*

VI

40. *¿Cómo reaccionaron Miguel y sus compañeros al encontrar el tesoro? ¿Se lo intentaron llevar enseguida?*

41. *¿Qué ocurrió al día siguiente?*

VII

42. *¿Qué vida llevaban Miguel y sus amigos en el tiempo que estuvieron bajo las órdenes del alférez Bengoechea?*

43. *¿De qué le avisó Lucía a Miguel cuando ésta se escapó de la gruta aprovechando que Bengoechea estaba discutiendo con sus hombres? ¿Qué pensaba hacer ella?*

VIII

44. *¿Por qué el dueño del mesón vuelve a tratar mal a Miguel y lo echa de su casa?*

45. *¿Qué propone Miguel a doña Ana? ¿Consigue Miguel lo que quería hacer? ¿Por qué?*

IX

46. *¿Cuál era el plan de Pelayo Peñalba para escapar del alférez Bengoechea? ¿Tuvo éxito este plan? ¿Por qué? ¿Qué ocurrió en realidad?*

X

47. *¿Dónde llegaron Miguel y sus compañeros después de dejar la gruta del tesoro?*

48. *¿Qué le contestó Lucía a Miguel cuando éste le recordó que debían seguir su camino?*

49. *¿Cómo reaccionó Pelayo Peñalba al conocer la decisión de Lucía?*

XI

50. *Al final, ¿vuelve Miguel a su casa? ¿Por qué?*

51. *¿Por qué razón Carlota no está contenta con la idea de servir a doña Ana de Varela? ¿Se va a ir Carlota con Miguel? ¿Por qué?*

Para hablar en clase

1. *En la novela se habla del poder que el oro tiene sobre los hombres. ¿Cree usted que el dinero cambia a las personas? ¿Piensa que los hombres son capaces de cualquier cosa para conseguir dinero? Y usted, ¿es rico? ¿Le gustaría serlo? ¿Qué cree que podría hacer para tener más dinero?*

2. *¿Qué piensa de la esclavitud? ¿Sabe usted si todavía hay países donde se compran y venden personas como esclavos?*

3. *Dice Miguel al final de la novela: «Ciertamente no somos nunca del todo dueños de nosotros mismos». ¿Cree usted que el hombre es enteramente libre para elegir su camino, o que cada hombre nace ya con un destino fijo?*

4. *¿Cree que todavía hay personas que, como los caballeros andantes, ayudan a los débiles defendiéndolos de las injusticias de los poderosos?*

NOTAS

Estas notas proponen equivalencias o explicaciones que no pretenden agotar el significado de las palabras o expresiones siguientes sino aclararlas en el contexto de *Las lágrimas del sol*.

m.: masculino, *f.*: femenino, *inf.*: infinitivo.

Las lágrimas del sol: nombre que los **Incas** (ver nota 13) daban al oro; **lágrimas** *f.*: líquido que asoma a los ojos y cae por la cara cuando se está llorando.

[1] **guerra** *f.*: lucha con armas entre dos o más países, o entre grupos dentro de un mismo país.

[2] **escrito** *m.*: texto que alguien escribe con un fin más o menos oficial.

[3] **gobernador** *m.*: jefe de una ciudad o territorio, que aquí representa al gobierno de España y al **emperador Carlos V** (ver nota siguiente).

[4] **Rey:** Carlos I de España y **emperador** Carlos V de Alemania (1500-1558). De sus abuelos maternos, los Reyes Católicos, recibió España, Nápoles y las tierras de América. Y de sus abuelos paternos, Flandes, Luxemburgo, los territorios de los Habsburgo y los derechos a ser elegido emperador de Alemania, como así ocurrió en 1519. Fue el rey más poderoso de Europa y, con las conquistas realizadas en América durante su reinado, su soberanía se extendió sobre muchas más tierras de las que heredó de sus padres.

⁵ **capitán** *m.:* aquí, hombre que manda en un barco; más adelante, también, jefe de un grupo importante de soldados.

⁶ **padrino** *m.:* hombre que en el bautismo (ceremonia que en la religión cristiana incorpora una persona a la Iglesia) presenta, acompaña y protege a quien lo recibe.

⁷ **Cortés** (Hernando): español (1485-1547) que hacia 1521, y después de ganar la guerra contra el pueblo azteca, conquistó México.

⁸ **desearía** (*inf.:* **desear**): querría con fuerza; los **deseos** (*m.*) son aquellas cosas que alguien quiere y **desea**.

⁹ **esclavo** *m.:* persona que no es libre y que está bajo el mando de otra (el amo) que puede decidir sobre su vida.

¹⁰ **Francisco Pizarro: capitán** español (hacia 1475-1541), que en 1502, descubrió con Núñez de Balboa los mares del sur. En 1524 se unió a Diego de Almagro y al sacerdote Hernando para conquistar el Perú.

¹¹ **Almagro** (Diego de): español (1475-1538) que acompañó a **Pizarro** en la conquista del Perú. Nombrado por el **emperador Carlos V** (ver nota 4) gobernador de las tierras del sur, viajó por tierras de Chile en 1536. De vuelta al Perú, entró en lucha con **Pizarro** por el poder de El Cuzco y fue asesinado por él. Su hijo Diego de Almagro *El Mozo* continuó esta guerra.

¹² **pues:** porque, puesto que.

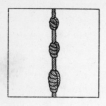

nudos de quipu

¹³ **imperio inca:** conjunto de tierras y pueblos **conquistados** (ver nota siguiente) por los **Incas** (*m.*): pueblo que dominaba el Perú antes de la llegada de los españoles. El **imperio inca** se formó en el siglo XII y alcanzó su máximo poder en el XV, extendiéndose desde el actual Ecuador hasta Chile y el norte de Argentina. Estaba organizado en una monarquía, con su centro en la ciudad de El Cuzco. Cuando en 1531 Pizarro y Almagro entraron en territorio inca, el rey Huáscar se encontraba luchando con su hermano Atahualpa por el gobierno del imperio.

¹⁴ **conquistados** (*inf.:* **conquistar**): que es hacerse dueño, en la guerra y usando la fuerza, de un país y sus gentes; **conquista** (*f.*): hecho de **conquistar.** A los hombres que fueron a **conquistar** nuevas tierras en América se los llamó **conquistadores** (*m.*).

¹⁵ **nudos** *m.:* lazos hechos en una cuerda o que unen dos cuerdas.

fraile

¹⁶ **fraile** *m.:* hombre que pertenece a alguna Orden religiosa; **fray** (*m.*) es otra forma de **fraile**. Se emplea delante del nombre de los religiosos de ciertas Órdenes.

¹⁷ **alférez** *m.:* militar menos importante que el **capitán** (ver nota 5).

¹⁸ **libertad** *f.:* estado de una persona que es libre.

¹⁹ **tesoro** *m.:* dinero, joyas o cosas de mucho precio reunidos y guardados en un lugar.

[20] **Papa:** máxima autoridad de la Iglesia Católica.

[21] **Posiblemente, a vos no os guste este metal: Posiblemente, a usted no le guste este metal** (recordar la nota de la página 4).

[22] **se persignó** (*inf.:* **persignarse**): con la mano, se hizo tres veces (una en la frente, otra en la boca y otra en el pecho) una cruz, en memoria de la muerte de Jesucristo, para expresar así su disgusto al oír palabras que ofenden a la Iglesia Católica.

[23] **proceso** *m.:* conjunto de hechos y acciones que sigue la ley en contra de un crimen, robo u otra falta.

[24] **batalla** *f.:* cada momento de una **guerra** (ver nota 1) en que se encuentran y luchan los dos grupos enemigos.

Jesucristo en la cruz

[25] **prisionero** *m.:* persona a la que, durante una guerra, el enemigo ha quitado la **libertad** (ver nota 18), y metido en una cárcel o lugar cerrado.

[26] **forzarme:** obligarme por la fuerza a tener relaciones sexuales.

[27] **perra** *f.:* palabra con la que se quiere ofender a una mujer y que significa prostituta, es decir, mujer que ofrece su cuerpo por dinero.

[28] **virtud** *f.:* cualidad o característica que, según las normas morales establecidas y las buenas costumbres, se considera positiva en una persona. En las mujeres, cuidado especial en su relación y trato con los hombres.

101

29 **No me habléis de esa manera: No me hable de esa manera** (recordar la nota de la página 4).

30 **vuestras pasiones: sus pasiones** (recordar la nota de la página 4).

31 **caballero andante:** personaje principal de las **novelas de caballerías**, que viaja por todo el mundo defendiendo a los más débiles de toda injusticia. Lo hace por amor a la **dama** o señora a la que **sirve**, obedeciendo como un **esclavo** (ver nota 9) todas sus órdenes. Las **novelas de caballerías** nacieron en la Edad Media, en Francia, aunque muy pronto se hicieron adaptaciones y traducciones en España, donde alcanzaron un enorme éxito. Sus temas vienen de diferentes fuentes: leyendas clásicas, relatos orientales, y asuntos derivados de las leyendas bretonas. La más famosa de todas las **novelas de caballerías** fue *El Amadís de Gaula*, editada en 1508 en Zaragoza, pero conocida ya en el siglo XIV.

32 **convento** *m.:* casa donde viven en comunidad los hombres o mujeres de una Orden religiosa.

33 **monjas** *f.:* en la religión católica, mujeres que pertenecen a una Orden religiosa y viven en un **convento** (ver nota 32). En la religión inca, las *allcas* eran las mujeres que dedicaban su vida al dios Sol y que por ello, no podían casarse sin permiso del rey inca. En el texto, el soldado español las llama **monjas** por comparación con éstas.

monja

[34] **maestre** *m.:* antiguo jefe militar que man-
daba los **ejércitos** (ver nota siguiente).

[35] **ejércitos** *m.:* soldados, armas y medios de
transporte que sirven para defender a un
país y a sus habitantes de sus enemigos
durante una guerra.

[36] **ahorcado:** muerto al ser colgado de una
cuerda atada alrededor del cuello.

[37] **poemas** *m.:* obras literarias escritas en ver-
so y con las palabras dispuestas de manera
que al leerlas, se siente musicalidad y rit-
mo. Los **villancicos** (*m.*) son **poemas** po-
pulares nacidos en Castilla durante la Edad
Media, aunque no aparecen escritos hasta
el siglo XVI. El tema que tratan es el amor.

[38] **respeto** *m.:* atención que se tiene hacia
una persona importante o que se distingue
por algún aspecto de su personalidad.

[39] **templo** *m.:* edificio público para el culto
religioso.

[40] **Inca Manco:** Manco Cápac II (muerto en
1538). Hecho rey por **Pizarro**, cuando en-
tendió que los españoles sólo buscaban
aprovechar su poder para lograr sus propó-
sitos de **conquista** (ver nota 14), intentó
tomar la ciudad de El Cuzco en 1536. Al
no conseguirlo, estableció un reinado inca
en las montañas.

[41] **refugio** *m.:* lugar que sirve para defender-
se de los peligros.

[42] **piel** *f.:* lo que envuelve y protege el cuerpo
del hombre y de los animales.

valle

lago

43 **valles** *m.:* terrenos llanos situados entre montañas por los que normalmente corren las aguas de un río.

44 **lago** *m.:* gran extensión de agua, rodeada de tierra por todas partes.

45 **pólvora** *f.:* sustancia que se quema muy fácilmente y que se usa en armas de fuego, como la pistola.

46 **¡Bendito sea Dios!:** frase de exclamación para dar las gracias a Dios.

47 **se desvaneció** (*inf.:* **desvanecerse**): cayó sin fuerzas, perdiendo la conciencia de sí mismo y del mundo exterior.

48 **leal:** que se puede tener confianza en él sin temer que nos engañe.

49 **generoso:** que da lo que tiene sin buscar su propio interés.

50 **gruta** *f.:* gran abertura natural en una montaña.

51 **vomitaba** (*inf.:* **vomitar**): echaba por la boca la comida y otras sustancias que tenía en el estómago.

52 **me señaló** (*inf.:* **señalar**): con el dedo me enseñó la dirección por la que tenía que ir.

53 **explosión** *f.:* acción de romperse algo de repente, saltando los pedazos por el aire y haciendo mucho ruido.